GESCHMAC GESUNDHEIT: EIN FETTARMES KOCHBUCH

100 KÖSTLICHE GERICHTE, DIE IHREN Gaumen befriedigen und Ihren Körper nähren

Max Köhler

Index allgemein

EINFÜHRUNG

Willkommen bei „GESCHMACK DER GESUNDHEIT: Ein fettarmes Kochbuch." In einer Welt, in der kulinarische Köstlichkeiten oft mit einem gewissen Gewissen einhergehen, ist dieses Kochbuch Ihr Tor, um die Freuden des Essens ohne Kompromisse zu genießen.

Hier feiern wir die Idee, dass gesunde Ernährung sowohl köstlich als auch sättigend sein kann.

Auf unserer Reise durch diese Seiten werden wir das Konzept des fettarmen Kochens als Mittel erkunden, Ihren Körper zu nähren und gleichzeitig Ihre Geschmacksknospen zu verwöhnen. Wir haben sorgfältig eine Sammlung von Rezepten zusammengestellt, die den Fettgehalt reduzieren, ohne auf Geschmack zu verzichten, sodass Sie gesunde Mahlzeiten genießen können, ohne sich um überschüssige Kalorien sorgen zu müssen. Ganz gleich, ob Sie ein paar Kilo abnehmen, einen gesünderen Lebensstil pflegen oder einfach nur die Vorteile einer fettarmen Ernährung schätzen möchten, Sie werden eine vielfältige Auswahl an Rezepten finden, die zu Ihrem Gaumen und Ihren Ernährungszielen passen. Unsere Mission ist es zu beweisen, dass wenig Fett nicht gleichbedeutend mit wenig Geschmack ist. Sie werden innovative Möglichkeiten entdecken,

Ihre Gerichte mit aromatischen Kräutern zu verfeinern,
lebendige Gewürze und frische Zutaten. Von herzhaften Salaten bis hin zu herzerwärmenden Suppen, von mageren Protein-Hauptgerichten bis hin zu Desserts ohne schlechtes Gewissen, das alles Mit unseren Rezepten können Sie nahrhafte Entscheidungen treffen, ohne Kompromisse beim Geschmack einzugehen.

FRÜHSTÜCK

Haferflocken Frühstück

Dient 1

- • 1 Tasse gekocht Haferflocken
- • 1 TL. zu Boden Flachs Samen
- • 1 TL. zu Sonnenblume Samen
- • A Bindestrich zu Zimt
- • Halb zu der TL. zu Kakao

a) Kochen Haferflocken mit heiß Wasser Geist nach Das mischen alle Zutaten.

b) Versüßen Wenn Du haben Zu mit wenige Tropfen zu roh Honig.

c) Optional: Du dürfen ersetzen Sonnenblume Samen mit Kürbiskernen oder Chiasamen.

d) Du dürfen hinzufügen A Hand voll zu Blaubeeren oder beliebig Beeren statt Kakao.

Haferflocken Joghurt Frühstück

Dient 1

- 1/2 Tasse trocken Haferflocken
- Hand voll zu Blaubeeren (Optional)
- 1 Tasse zu Niedriger Fettgehalt Joghurt

a) Alle Zutaten vermischen und etwa 20 Minuten warten Bei Verwendung von Stahl über Nacht im Kühlschrank ruhen lassen schneiden Hafer.
b) Aufschlag

Kakao Haferflocken

Für 1 Person

Zutaten -

- · 1/2 Tasse Hafer
- · 2 Tassen Wasser
- · A Prise TL. Salz
- · 1/2 TL. Boden Vanille Bohne
- · 2 Esslöffel. Kakao Pulver
- · 1 Esslöffel. roh Honig
- · 2 Esslöffel. Boden Flachs Samen Mahlzeit
- · A Bindestrich zu Zimt
- · 2 Ei Weiße

Anweisungen

a) Geben Sie die Haferflocken in einen Topf bei starker Hitze Geist Salz Abdeckung mit 3 Tassen Wasser. Brust Zu aufkochen und unter Rühren 3-5 Minuten kochen lassen gelegentlich. Fügen Sie ggf. weiterhin 1/2 Tasse Wasser hinzu notwendig als die Mischung verdickt sich.

b) In einer separaten Schüssel 4 EL verquirlen. Wasser hinein die 4 EL. Kakaopulver glatt rühren Soße. Hinzufügen Die Vanille Zu Die Pfanne Geist Aufsehen

c) Stellen Sie die Hitze auf niedrig. Fügen Sie das Ei hinzu Eiweiß hinzufügen und sofort verquirlen. Den Flachs hinzufügen Mahlzeit Geist Zimt Aufsehen Zu kombinieren. Vom Herd nehmen, rohen Honig hinzufügen und servieren sofort.

d) Belag Vorschläge: geschnitten Erdbeeren, Blaubeeren bzw ein paar Mandeln.

Blaubeeren Vanille Über Nacht Hafer

Für 1

Person

Zutaten

- • 1/2 Tasse Hafer
- • 1/3 Tasse Wasser
- • 1/4 Tasse Niedriger Fettgehalt Joghurt
- • 1/2 TL. Boden Vanille Bohne
- • 1 Esslöffel. Flachs Samen Mahlzeit
- • A Prise zu Salz
- • Blaubeeren, Mandeln, Brombeeren, roh Honig zum Belegen

Anweisungen

a) Fügen Sie die Zutaten hinzu (außer Toppings) Zu Die Schüssel In Die Abend. Kalt stellen über Nacht.

b) In Die Morgen Aufsehen hoch Die Mischung. Es sollte dick sein. Fügen Sie Ihre Toppings hinzu Auswahl.

Apfel Haferflocken

Für 1

Person

Zutaten

- • 1 gerieben Apfel
- • 1/2 Tasse Hafer
- • 1 Tasse Wasser
- • Bindestrich zu Zimt
- • 2 TL. roh Honig

Anweisungen

a) Kochen Die Hafer mit Die Wasser ging 3-5 Protokoll.

b) Hinzufügen gerieben Apfel Geist Zimt Aufsehen In Die roh Honig.

Mandel Butter Bananen Hafer

Für 1

Person

Zutaten

- • 1/2 Tasse Hafer
- • 3/4 Tasse Wasser
- • 1 Ei Weiß
- • 1 Banane
- • 1 tbs Flachs Samen Mahlzeit
- • 1 TL roh Honig
- • Prise Zimt
- • 1/2 tbs Mandel Butter

Anweisungen

a) Haferflocken und Wasser in einer Schüssel vermischen. Besiegen Ei Weiß Dann Schneebesen Es In mit Die ungekocht Hafer. Kochen An Herd. Überprüfen Konsistenz Geist weitermachen Zu Hitze als notwendig bis Die Hafer Sind flauschige Geist dick. Banane zerdrücken und zu den Haferflocken geben. Hitze ging 1 Protokoll

b) Leinsamen, rohen Honig und Zimt unterrühren. Spitze mit Mandeln Butter!

Kokosnuss Granatapfel Haferflocken

Für 1 Person

Zutaten

- · 1/2 Tasse Hafer
- · 1/3 Tasse Kokosnuss Milch
- · 1 Tasse Wasser
- · 2 tbs geschreddert ungesüßt Kokosnuss
- · 1-2 tbs Flachs Samen Mahlzeit
- · 1 tbs roh Honig
- · 3 tbs Granatapfel Samen

Anweisungen

a) Haferflocken mit Kokosmilch, Wasser usw. kochen Salz

b) Kokosnuss, Rohhonig und Leinsamen unterrühren Mahlzeit Streuen mit extra Kokosnuss Geist Granatapfel Samen.

Eier Pizza Kruste

Zutaten -

- • 3 Ei
- • 1/2 Tasse zu Kokosnuss Mehl
- • 1 Tasse zu Kokosnuss Milch
- • 1 zerquetscht Knoblauch Nelke

a) Mischen Geist Kumpel ohne Omelette
b) Aufschlag

Omelett mit Gemüse

Für 1 Person

Zutaten -

- • 2 groß Ei
- • Salz
- • Boden Schwarz Pfeffer
- • 1 TL. Olivenöl _ oder Kreuzkümmel Öl
- • 1 Tasse Spinat, Kirsche Tomaten Geist 1 Löffel zu Joghurtkäse
- • Zerquetscht Hrsg Pfeffer Flocken Geist A Prise zu Dill

Anweisungen

a) 2 große Eier in einer kleinen Schüssel verquirlen. Jahreszeit Mit Salz und gemahlenem schwarzem Pfeffer abschmecken und fest werden lassen beiseite. Hitze 1 TL. Olive Öl In A Mittel Pfanne auf mittlerer Stufe Hitze.

b) Hinzufügen Baby Spinat, Tomaten, Käse Geist kochen werfen, bis welk (Ca. 1 Protokoll).

c) Eier hinzufügen; unter gelegentlichem Rühren kochen, bis Nur Satz, um 1 Protokoll. Aufsehen In Käse.

d) Streuen mit zerquetscht Hrsg Pfeffer Flocken Geist Dill

Eier Muffins

Zutaten Portion: 8

Muffins

- · 8 Ei
- · 1 Tasse gewürfelt Grün Glocke Pfeffer
- · 1 Tasse gewürfelt Zwiebel
- · 1 Tasse Spinat
- · 1/4 TL. Salz
- · 1/8 TL. Boden Schwarz Pfeffer
- · 2 Esslöffel. Wasser

Anweisungen

a) Hitze Die Ofen Zu 350 Grad F. Öl 8 Muffins Tassen.

b) Schlagen Ei zusammen.

c) Mischen In Glocke Pfeffer, Spinat, Zwiebeln, Salz, schwarzer Pfeffer und Wasser. Gießen Sie die Mischung in einen Muffin Tassen.

d) Im Ofen backen, bis die Muffins fertig sind die Mitte.

Geräuchert Lachs Durcheinander Eier

Zutaten, dient 2 -

- 1 TL Kokosnuss Öl
- 4 Ei
- 1 Tbs Wasser
- 4 oz geräuchert Lachs, geschnitten
- 1/2 Avocado
- Boden Schwarz Pfeffer, Zu berühren
- 4 Schnittlauch, gehackt (oder verwenden 1 Grün Zwiebeln, dünn geschnitten)

Anweisungen

Hitze A Bratpfanne über Mittel Hitze.

a) Hinzufügen Kokosnuss Öl Zu Pfanne Wann heiß.

b) In der Zwischenzeit Rühreier zubereiten. Fügen Sie Eier hinzu heiß Bratpfanne, entlang mit geräuchert Lachs. Unter ständigem Rühren die Eier weich kochen Geist flauschige.

c) Vom Herd nehmen. Top mit Avocado, schwarz Pfeffer, Ente Schnittlauch dienen.

Steak Geist Eier

2 servieren

Zutaten -

- 1/2 Pfund ohne Knochen Rindfleisch Steak oder Schweinefleisch Filet
- • 1/4 TL Boden Schwarz Pfeffer
- • 1/4 TL Meer Salz (Optional)
- • 2 TL Kokosnuss Öl
- • 1/4 Zwiebeln, gewürfelt
- • 1 Hrsg Glocke Pfeffer, gewürfelt
- • 1 Hand voll Spinat oder Rucola
- • 2 Ei

Anweisungen

In Scheiben geschnittenes Steak oder Schweinefilet damit würzen Meer Salz Geist Schwarz Pfeffer. Hitze A anbraten Pfanne bei starker Hitze. 1 TL Kokosöl, Zwiebeln, und Fleisch, wenn die Pfanne heiß ist, und anbraten, bis ein Steak entsteht Ist leicht gekocht.

a) Spinat und rote Paprika hinzufügen und kochen bis das Steak Ihren Wünschen entspricht. In der Zwischenzeit, Eine kleine Bratpfanne bei mittlerer Hitze erhitzen. Hinzufügen restliche Kokosnuss Öl Geist braten zwei Ei

b) Spitze jede Steak mit A gebraten Ei Zu Aufschlag

Eier Backen

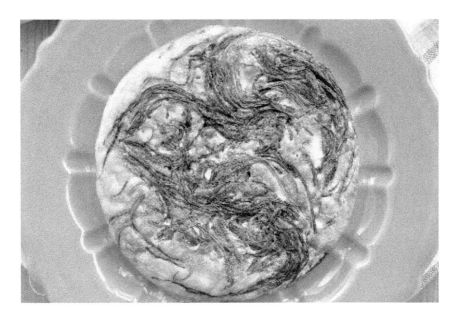

Für 6
Personen
Zutaten -

- · 2 Tassen gehackt Hrsg Pfeffer oder Spinat
- · 1 Tasse Zucchini
- · 2 Esslöffel. Kokosnuss Öl
- · 1 Tasse geschnitten Pilze
- · 1/2 Tasse geschnitten Grün Zwiebeln
- · 8 Ei
- · 1 Tasse Kokosnuss Milch
- · 1/2 Tasse Mandelmehl _
- · 2 Esslöffel. gehackt frisch Petersilie
- · 1/2 TL. getrocknet Basilikum
- · 1/2 TL. Salz
- · 1/4 TL. Boden Schwarz Pfeffer

Anweisungen

a) Heizen Sie den Ofen auf 350 Grad F vor. Legen Sie die Kokosnuss hinein Öl in einer Pfanne. Erhitze es auf mittlere Hitze. Hinzufügen Champignons, Zwiebeln, Zucchini und rote Paprika (oder Spinat) bis Gemüse Sind zart, etwa 5 Minuten. Gemüse abtropfen lassen und verteilen sie vorbei Die Backen Gerichte

b) Eier in einer Schüssel mit Milch, Mehl, Petersilie verquirlen, Basilikum, Salz, Geist Pfeffer. Gießen Ei Mischung ins Backen Gerichte

c) Im vorgeheizten Ofen backen, bis die Mitte warm ist Set (ca. 35 bis 40 Protokoll).

Frittatas

6

Portionen

Zutaten -

- • 2 Esslöffel. Olivenöl _ oder Avocado Öl
- • 1 Zucchini, geschnitten
- • 1 Tasse Turm frisch Spinat
- • 2 Esslöffel. geschnitten Grün Zwiebeln
- • 1 TL. zerquetscht Knoblauch Salz Geist Pfeffer Zu berühren
- • 1/3 Tasse Kokosnuss Milch
- • 6 Ei

Anweisungen

a) Olivenöl in einer Pfanne bei mittlerer Hitze erhitzen. Zucchini hinzufügen und kochen, bis sie weich sind. Untermischen Spinat, Grün Zwiebeln, Geist Knoblauch. Jahreszeit mit Salz und Pfeffer. Weiter kochen bis Spinat Ist welk.

b) In einer separaten Schüssel Eier verquirlen und verrühren Kokosmilch. In die Pfanne darüber gießen Gemüse. Reduzieren Sie die Hitze auf einen niedrigen Wert, decken Sie es ab und atmen Sie kochen bis Eier sind Firma (5 Zu 7 Protokoll).

Naan / Pfannkuchen / Crepes

Zutaten

- · 1/2 Tasse Mandel Mehl
- · 1/2 Tasse Tapioka Mehl
- · 1 Tasse Kokosnuss Milch
- · Salz
- · Kokosnuss Öl

Anweisungen

a) Mischen alle Die Zutaten zusammen.

b) Hitze A Pfanne über Mittel Hitze Geist gießen Teig Zu gewünscht Dicke. Einmal Die Wenn der Teig fest aussieht, drehen Sie ihn zum Backen um andere Seite.

c) Wenn Du wollen Das Zu Sei A Nachtisch Crepes oder Pfannkuchen, Dann um Die Salz Du dürfen hinzufügen gehackt Knoblauch oder Ingwer In Die Teig Wenn Du wollen oder manche Gewürze.

Zucchini Pfannkuchen

3 servieren

Zutaten

- • 2 Mittel Zucchini
- • 2 Esslöffel. gehackt Zwiebel
- • 3 geschlagen Ei
- • 6 bis 8 Esslöffel. Mandelmehl _
- • 1 TL. Salz
- • 1/2 TL. Boden Schwarz Pfeffer
- • Kokosnuss Öl

Anweisungen

a) Hitze Die Ofen Zu 300 Grad F.

b) Die Zucchini in eine Schüssel reiben und umrühren die Zwiebeln und Eier. 6 EL unterrühren. auch die Mehl, Salz, Geist Pfeffer.

c) Eine große Bratpfanne bei mittlerer Hitze erhitzen und Kokosöl in die Pfanne geben. Wenn das Öl heiß ist, reduzieren Sie die Hitze auf mittel-niedrig und Teig in die Pfanne geben. Pfannkuchen backen um 2 Protokoll An jede Seite, bis gebräunt. Ort Die Pfannkuchen In Die Ofen.

Bohnenkraut Kuchen Kruste

Zutaten

- · 4.11 Tassen blanchiert Mandelmehl _
- · 1/3 Tasse Tapioka Mehl
- · 3/4 TL. fein Boden Meer Salz
- · 3/4 TL. Paprika
- · 1/2 TL. Boden Kreuzkümmel
- · 1/8 TL. Boden Weiß Pfeffer
- · 1/4 Tasse Kokosnuss Öl
- · 1 groß Ei

Anweisungen

a) Mandelmehl, Tapiokamehl, Meersalz, Vanille, Ei und Kokoszucker (falls verwendet). Kokosnuss Zucker) In Die Schüssel zu A Essen Prozessor. Zum Kombinieren 2-3 Mal verarbeiten. Hinzufügen Öl Geist roh Honig (Wenn Du verwenden roh Honig) und pulsiere mit mehreren Sekunden Hülsenfrüchte und lassen Sie dann die Küchenmaschine laufen bis Die Mischung kommt zusammen. Bewegen Den Teig auf ein Frischhaltefolie legen. Wickeln und Dann Drücken Sie die Teig hinein eine 9-Zoll-Disc. Kalt stellen ging 30 Protokoll.

b) Plastikfolie entfernen. Den Teig darauf drücken unten Geist hoch Die Seiten zu A 9 Zoll gebuttert Kuchen Gerichte Crimpen A wenig beißen Die Kanten zu Kruste. Cool In Die Kühlschrank ging
20 Protokoll. Lege das Ofenrost in die Mitte stellen Position und heizen Sie den Ofen auf 375F vor. Einstellen Die Ofen Geist backen bis golden braun.

Quiche

Für 2-3
Personen

Zutaten -

- • 1 Vorgekocht Geist abgekühlt Bohnenkraut Kuche
  Kruste
- • 8 Unzen organisch Spinat, gekocht Geist
  entwässert
- • 6 Unzen gewürfelt Schweinefleisch
- • 2 mittelgroße   Schalotten ,   in
  dünne Scheiben   geschnitten
  sautiert
- • 4 groß Ei
- • 1 Tasse Kokosnuss Milch
- • 3/4 TL. Salz
- • 1/4 TL. frisch Boden Schwarz Pfeffer

Anweisungen

Brauner Tee hineinstecken Kokosnuss Öl Geist Dann Ergänzen Sie die Spinat Geist Schalotten. Satz beiseite einmal Erledigt.

a) Vorwärmen Ofen Zu 350F. In A groß Schüssel, kombinieren Eier, Milch Salz Geist Pfeffer. Schneebesen bis schaumig. Hinzufügen In um 3/4 zu Die entwässert Füllung Mischung, Reservierung Die andere 1/4 Zu "Spitze" Die Quiche. Gießen Ei Mischung hinein Kruste Geist Ort übrig Füllung An Spitze zu Die Quiche.

b) Ort Quiche In Ofen In Die Center zu Die Mitte Gestell Geist backen ungestört ging 45 Zu 50 Protokoll.

Hütte Käse Sesam Bälle

Zutaten

- 16 Unze Bauern Käse oder Hütte Käse
- 1 Tasse fein gehackt Mandeln
- 1 Geist 1/2 Tassen Haferflocken

a) In A groß Schüssel, kombinieren vermischt Hütte Käse, Mandeln und Haferflocken.

b) Machen Abschlussball Geist rollen In Sesam Samen mischen.

VORSPEISEN

Hummus

Zutaten

- • 2 Tassen gekocht Kichererbsen (Kichererbse Bohnen)
- • 1/4 Tasse (59 ml) frisch Zitrone Saft
- • 1/4 Tasse (59 ml) Tahini
- • Halb zu A groß Knoblauch Nelken, gehackt
- • 2 Esslöffel. Olive Öl oder Kreuzkümmel Öl Plus mehr ging Portion
- • 1/2 Zu 1 TL. Salz
- • 1/2 TL. Boden Kreuzkümmel
- • 2 bis 3 Esslöffel. Wasser
- • Bindestrich zu Boden Paprika ging Portion

Anweisungen

a) Kombinieren Tahini und Zitrone Saft Geist Mischung ging 1 Protokoll. Hinzufügen Die Olive Öl gehackt Knoblauch Kreuzkümmel Geist Die Salz Zu Tahini Geist Zitrone Mischung. Verfahren ging 30 Sekunden, Kratzen Sie die Seiten ab und verarbeiten Sie sie dann 30 Sekunden lang mehr.

b) Hinzufügen Hälfte zu Die Kichererbsen Zu Die Essen Prozessor einschalten und 1 Minute lang verarbeiten. Kratzen Beilagen anrichten, restliche Kichererbsen dazugeben und verarbeiten ging 1 Zu 2 Protokoll.

c) Überweisen Die Hummus hinein A Schüssel Dann Nieselregen um 1 Esslöffel. zu Olive Öl über Die Spitze Geist streuen mit Paprika

Guacamole

Zutaten

- • 4 Ruhe in Frieden Avocados
- • 3 Esslöffel. frisch gequetscht Zitrone Saft (1 Zitrone)
- • 8 Striche heiß Pfeffer Soße
- • 1/2 Tasse gewürfelt Zwiebel
- • 1 groß Knoblauch Nelken, gehackt
- • 1 TL. Salz
- • 1 TL. Boden Schwarz Pfeffer
- • 1 Mittel Tomaten, gesät Geist klein gewürfelt

Anweisungen

a) Die Avocados halbieren, den Kern entfernen, Geist schaufeln Sie die Fleisch aus.

b) Sofort hinzufügen Die Zitrone Saft, heiß Pfeffersauce, Knoblauch, Zwiebel, Salz und Pfeffer Geist werfen Also. Würfel Avocados. Hinzufügen Die Tomaten.

c) Mischen Also Geist berühren ging Salz Geis Pfeffer.

Baby Ghanoush

Zutaten

- • 1 groß Aubergine
- • 1/4 Tasse Tahini, Plus mehr als erforderlich
- • 3 Knoblauch Nelken, gehackt
- • 1/4 Tasse frisch Zitrone Saft, Plus mehr als erforderlich
- • 1 Prise Boden Kreuzkümmel
- • Salz, Zu berühren
- • 1 Esslöffel. extra vergine Olive Öl oder Avocado Öl
- • 1 Esslöffel. gehackt flachblättrig Petersilie
- • 1/4 Tasse Solegepökelt Schwarz Oliven, solch als Kalamata

Anleitung :

a) Grill Aubergine für 10 bis 15 Minuten. Hitze der Ofen (375 F).

b) Die Aubergine auf ein Backblech legen und backen 15-20 Minuten oder bis es sehr weich ist. Entfernen Aus dem Ofen nehmen, abkühlen lassen, abziehen und abziehen Werfen Sie die Haut weg. Geben Sie das Auberginenfleisch hinein Schüssel. Die Auberginen mit einer Gabel zerdrücken Paste.

c) Fügen Sie 1/4 Tasse Tahini, Knoblauch, Kreuzkümmel und 1/4 hinzu Tasse Zitronensaft und gut vermischen. Mit würzen Salz nach Geschmack. Übertragen Sie die Mischung in einen Servierschüssel füllen und mit der Rückseite einer Schüssel bestreichen Mit einem Löffel eine flache Mulde formen. Nieselregen Olivenöl darüber geben und damit bestreuen Petersilie.

d) Aufschlag bei Zimmer Temperatur.

Espinacase legen Katalanisch

4 servieren

Zutaten

- • 2 Tassen Spinat
- • 2 Nelken Knoblauch
- • 3 Esslöffel Cashewkerne
- • 3 Esslöffel getrocknet Johannisbeeren
- • Olive Öl oder Avocado Öl

Anweisungen

a) Den Spinat waschen und die Stiele abschneiden. Dampf der Spinat ging wenige Protokoll.

b) Schälen Geist Scheibe Die Knoblauch. Gießen A wenige Esslöffel zu Olive Öl Geist Abdeckung Die Boden einer Bratpfanne. Pfanne auf mittlerer Stufe erhitzen Geist Knoblauch anbraten ging 1-2 Protokoll.

c) Die Cashewkerne und die Johannisbeeren dazugeben in die Pfanne geben und 1 Minute weiter anbraten. Hinzufügen Den Spinat dazugeben, gut vermischen und mit Öl bestreichen. Salz Zu berühren.

Tapenade

Zutaten

- • 1/2 Pfund entkernt gemischt Oliven
- • 2 Anschovis Filets, gespült
- • 1 klein Nelke Knoblauch gehackt
- • 2 Esslöffel. Kapern
- • 2 Zu 3 frisch Basilikum Blätter
- • 1 Esslöffel. frisch gequetscht Zitrone Saft
- • 2 Esslöffel. extra vergine Olive Öl oder Kreuzkümmel Öl

Anweisungen

a) Spülen Die Oliven In Cool Wasser.

b) Geben Sie alle Zutaten in die Schüssel eines Lebensmittels Prozessor. Verfahren Zu kombinieren, bis Es wird ein grobe Paste.

c) Überweisen Zu A Schüssel Geist Aufschlag

Ed Pfeffer Tauchen

Zutaten

- · 1 Pfund Hrsg Pfeffer
- · 1 Tasse Bauernkäse
- · 1/4 Tasse Jungfrau Olive Öl oder Avocado Öl
- · 1 Esslöffel gehackt Knoblauch
- · Zitronensaft , Salz, Basilikum, Oregano, rot Pfeffer Flocken Zu berühren.

Anweisungen

a) Braten Die Pfeffer. Abdeckung ihnen Geist Cool für etwa 15 Minuten. Paprika schälen und entfernen Die Samen Geist Stengel.

b) Paprika hacken . Überweisen Die Pfeffer Geist Knoblauch Zu A Essen Prozessor und Verfahren bis glatt.

c) Hinzufügen Die Bauern' Käse Geist Knoblauch Geist glatt rühren.

d) Fügen Sie bei laufender Maschine Olivenöl hinzu und Zitrone Saft. Hinzufügen Die Basilikum, Oregano, Hrsg Pfeffer Flocken, Geist 1/4 TL. Salz, Geist glatt rühren.

e) Passen Sie die Gewürze nach Geschmack an. Auf ein Glas gießen Schüssel Geist kalt stellen.

Aubergine Geist Joghurt

Zutaten

1 Pfund gehackt

Aubergine 3 ungeschält

Schalotten

3 ungeschält Knoblauch Nelken

a) Mischen Sie 1 Pfund gehackte Auberginen und 3 ungeschälte Schalotten und 3 ungeschälte Knoblauchzehen mit 1/4 Tasse Olivenöl, Salz und Pfeffer auf einem Backblech Blatt.

b) Eine halbe Stunde bei 400 Grad rösten. Cool und die Schalotten und den Knoblauch auspressen ihre Häute und Koteletts. Mit der Aubergine vermischen, Mandel, 1/2 Tasse Naturjoghurt, Dill und Salz und

Pfeffer.

Caponata

Dient 3-4

Zutaten

- • Kokosnuss Öl
- • 2 groß Auberginen, schneiden hinein groß Brocken
- • 1 TL. getrocknet Oregano
- • Meer Salz
- • Frisch Boden Schwarz Pfeffer
- • 1 klein Zwiebeln, geschält Geist fein gehackt
- • 2 Nelken Knoblauch geschält Geist fein geschnitten
- • 1 klein Bündel frisch flachblättrig Petersilie, Blätter gepflückt Geist Stiele fein gehackt
- • 2 Esslöffel. gesalzen Kapern, gespült, durchnässt Geist entwässert
- • 1 Hand voll Grün Oliven, Steine ENTFERNT
- • 2-3 Esslöffel. Zitrone Saft
- • 5 groß Ruhe in Frieden Tomaten, grob gehackt
- • Kokosnuss Öl
- • 2 Esslöffel. gesplittert Mandeln, leicht getoastet Optional

Anweisungen

a) Kokosöl in einer Pfanne erhitzen und Auberginen hinzufügen, Oregano und Salz. Bei starker Hitze kochen etwa 4 oder 5 Minuten. Fügen Sie die Zwiebel und den Knoblauch hinzu und Petersilienstiele dazugeben und weitergaren noch ein paar Minuten. Abgetropfte Kapern hinzufügen und die Oliven und Zitronensaft. Wenn alle Der Saft ist verdampft, die Tomaten dazugeben und kochen bis es weich ist.

b) Jahreszeit mit Salz Geist Olive Öl Zu berühren vor dem Servieren. Streuen mit Mandeln.

SMOOTHIES

Grünkohl Kiwi Smoothies

Zutaten

- 1 Tasse Grünkohl, gehackt
- 2 Äpfel
- 3 Kiwis
- 1 Esslöffel Flachs Samen
- 1 Esslöffel königlich Gelee
- 1 Tasse zerquetscht Eis

a) Kombinieren In Mixer

b) Aufschlag

Zucchini Äpfel Smoothies

Zutaten

- · 1/2 Tasse Zucchini
- · 2 Äpfel
- · 3/4 Avocado
- · 1 Stengel Sellerie
- · 1 Zitrone
- · 1 Esslöffel. Spirulina
- · 1 1/2 Tassen zerquetscht Eis

a) Kombinieren In Mixer

b) Aufschlag

Löwenzahn Smoothies

Zutaten

- 1 Tasse Löwenzahn Grüns
- 1 Tasse Spinat
- ½ Tasse Tahini
- 1 Ed Rettich
- 1 Esslöffel. Chia Samen
- 1 Tasse Lavendel Tee

a) Kombinieren In Mixer

b) Aufschlag

Fenchel Honigtau Smoothies

- $\frac{1}{2}$ Tasse Fenchel

- 1 Tasse Brokkoli

- 1 Esslöffel. Koriander

- 1 Tasse Honigtau

- 1 Tasse zerquetscht Eis

- 1 Esslöffel. Chlorella

a) Kombinieren In Mixer

b) Aufschlag

Brokkoli Apfel Smoothies

- 1 Apfel
- 1 Tasse Brokkoli
- 1 Esslöffel. Koriander
- 1 Sellerie Stengel
- 1 Tasse zerquetscht Eis
- 1 Esslöffel. zerquetscht Seetang

a) Kombinieren In Mixer

b) Aufschlag

Salat Smoothies

Zutaten

- • 1 Tasse Spinat
- • ½ Gurke
- • 1/2 klein Zwiebel
- • 2 Esslöffel Petersilie
- • 2 Esslöffel Zitrone Saft
- • 1 Tasse zerquetscht Eis
- • 1 Esslöffel. Olive Öl oder Kreuzkümmel Öl
- • ¼ Tasse Weizengrass

a) Kombinieren In Mixer

b) Aufschlag

Avocado Grünkohl Smoothies

Zutaten

- 1 Tasse Grünkohl
- ½ Avocado
- 1 Tasse Gurke
- 1 Sellerie Stengel
- 1 Esslöffel. Chia Samen
- 1 Tasse Kamille Tee
- 1 Esslöffel. Spirulina

a) Kombinieren In Mixer

b) Aufschlag

Brunnenkresse Smoothies

Zutaten

- • 1 Tasse Brunnenkresse

- • ½ Tasse Mandel Butter

- • 2 klein Gurken

- • 1 Tasse Kokosnuss Milch

- • 1 Esslöffel. Chlorella

- • 1 Esslöffel. Schwarz Kreuzkümmel Samen – streuen An Spitze Geist Garnierung mit Petersilie

-

a) Kombinieren In Mixer

b) Aufschlag

Rote Bete Grüne Smoothies

Zutaten

- 1 Tasse Rote Bete Grüne
- 2 Esslöffel. Kürbis Samen Butter
- 1 Tasse Erdbeere
- 1 Esslöffel. Sesam Samen
- 1 Esslöffel. Hanf Samen
- 1 Tasse Kamille Tee

a) Kombinieren In Mixer

b) Aufschlag

Brokkoli Lauch Gurke Smoothie

Zutaten

1 Tasse Brokkoli

- • 2 Esslöffel. Cashew Butter

- • 2 Lauch

- • 2 Gurken

- • 1 Kalk

- • ½ Tasse Kopfsalat

- • ½ Tasse Blatt Kopfsalat

- • 1 Esslöffel. Matcha

- • 1 Tasse zerquetscht Eis

a) Kombinieren In Mixer

b) Aufschlag

Kakao Spinat Smoothies

Zutaten

- • 2 Tassen Spinat

- • 1 Tasse Blaubeeren, gefroren

- • 1 Esslöffel dunkel Kakao Pulver

- • ½ Tasse ungesüßt Mandel Milch

- • 1/2 Tasse zerquetscht Eis

- • 1 TL roh Honig

- • 1 Esslöffel. Matcha Pulver

a) Kombinieren In Mixer

b) Aufschlag

Flachs Mandel Butter Smoothies

Zutaten

- • ½ Tasse schmucklos Joghurt
- • 2 Esslöffel Mandel Butter
- • 2 Tassen Spinat
- • 1 Banane, gefroren
- • 3 Erdbeeren
- • 1/2 Tasse zerquetscht Eis
- • 1 Teelöffel Flachs Samen

a) Kombinieren In Mixer

b) Aufschlag

Apfel Grünkohl Smoothies

- • 1 Tasse Grünkohl
- • ½ Tasse Kokosnuss Milch
- • 1 Esslöffel. Maca
- • 1 Banane, gefroren
- • ¼ Teelöffel Zimt
- • 1 Apfel
- • Prise zu Muskatnuss
- • 1 Nelke
- • 3 Eis Würfel

a) Kombinieren In Mixer

b) Aufschlag

Eisberg Pfirsich Smoothies

Zutaten

- • 1 Tasse Eisberg Kopfsalat

- • 1 Bananen

- • 1 Pfirsich

- • 1 Brasilien Nuss

- • 1 Mango

- • 1 Tasse Kombucha

- • Spitze mit Hanf Samen

a) Kombinieren In Mixer

b) Aufschlag

Regenbogen Smoothies

Zutaten

a)   • Mischung 1 Groß Rübe mit manche zerquetscht Ei

b)   • Mischung 3 Möhren mit manche abgestürzt Eis

c)   Mischung 1 Gurke, 1 Tasse zu Blatt Kopfsalat Geis
      $\frac{1}{2}$ Tasse Weizengrass

d)   • Aufschlag ihnen separate Zu bewahren
      Die unterscheidbar Farbe

e)   Aufschlag

NACHSPEISEN

Krabbe Kuchen

Für 6–8

Personen

Zutaten -

- • 3 Pfund. Krabbenfleisch
- • 3 geschlagen Ei
- • 3 Tassen <u>Flachs</u> Samenmehl
- • 3 Esslöffel. Senf
- • 2 Esslöffel. gerieben Meerrettich
- • 1/2 Tasse <u>Kokosnuss</u> Öl
- • 1 TL. Zitrone Rinde
- • 3 Esslöffel. Zitrone Saft
- • 2 Esslöffel. Petersilie
- • 1/2 TL. Cayenne Pfeffer
- • 2 TL. Fisch Soße

Anweisungen

a) In Mittel Schüssel kombinieren alle Zutaten außer Öl.

b) Zu kleinen Hamburgern formen. In einer Bratpfanne Öl erhitzen und die Patties 3-4 Minuten darin backen jede Seite bzw bis es goldbraun ist.

c) Optional, backen ihnen In Die Ofen.

d) Als Vorspeise oder als Hauptgericht servieren groß Ballaststoffsalat.

Süß Kuchen Kruste

Zutaten

- • 3.11 Tassen blanchiert Mandel Mehl
- • 1/3 Tasse Tapioka Mehl
- • 1/2 TL. Meer Salz
- • 1 groß Ei
- • 1/4 Tasse Kokosnuss Öl
- • 2 Esslöffel. Kokosnuss Zucker oder roh Honig
- • 1 TL zu Boden Vanille Bohne

Anweisungen

a) Mandelmehl, Tapiokamehl, Meersalz, Vanille, Ei und Kokoszucker (falls verwendet). Kokosnuss Zucker) In Die Schüssel zu A Essen Prozessor. Zum Kombinieren 2-3 Mal verarbeiten. Hinzufügen Öl Geist roh Honig (Wenn Du verwenden roh Honig) und pulsiere mit mehreren Sekunden Hülsenfrüchte und lassen Sie dann die Küchenmaschine laufen bis Die Mischung kommt zusammen. Gießen Den Teig auf ein Stück Plastikfolie legen. Wickeln und drücken Sie dann den Teig in eine 9-Zoll-Scheibe. Kalt stellen ging 30 Protokoll.

b) Plastikfolie entfernen. Den Teig darauf drücken unten Geist hoch Die Seiten zu A 9 Zoll gebuttert Kuchen Gerichte Crimpen A wenig beißen Die Kanten zu Kruste. Cool In Die Kühlschrank ging
20 Protokoll. Lege das Ofenrost in die Mitte stellen Position und heizen Sie den Ofen auf 375F vor. Einstellen Die Ofen Geist backen bis golden braun.

Apfel Kuchen

Portion Größe: Dient 8

Zutaten

- • 2 Esslöffel. Kokosnuss Öl
- • 9 sauer Äpfel, geschält, entkernt Geist schneiden hinein 1/4 Zoll dick Scheiben
- • 1/4 Tasse Kokosnuss Zucker oder roh Honig
- • 1/2 TL. Zimt
- • 1/8 TL. Meer Salz
- • 1/2 Tasse Kokosnuss Milch
- • 1 Tasse Boden Nüsse Geist Samen

Anweisungen

a) Füllung: Kokosöl in einem großen Topf darüber schmelzen mittlere Hitze. Fügen Sie Äpfel, Kokosnusszucker oder hinzu roher Honig, Zimt und Meersalz. Zunahme Hitze Zu mittelhoch Geist kochen zittern Manchmal bis Äpfel freigeben ihre Feuchtigkeit und Zucker werden geschmolzen. Kokosnuss einfüllen Milch oder Sahne über die Äpfel geben und weiterrühren kochen bis Äpfel Sind weich Geist flüssig Hash verdickt um 5 Protokoll, zittern gelegentlich.

b) Gießen Sie die Füllung in den Boden und bedecken Sie ihn anschließend mit Belag Ort A Kuchen Schild über Die Ränder der Kruste, um ein Anbrennen zu vermeiden. Backen bis der Belag gerade goldbraun wird. Cool Geist Aufschlag.

Früchte eingetaucht In Schokolade

Zutaten

- • 2 Äpfel oder 2 Bananen oder A Schüssel zu Erdbeeren oder beliebig Obst Das dürfen Sei eingetaucht In geschmolzen Schokolade

- • 1/2 Tasse zu geschmolzen Schokolade

• 2 EL. gehackte Nüsse (Mandeln, Walnüsse, Brasilien). Nüsse) oder Samen (Hanf, Chia, Sesam, Leinsamen) . Mahlzeit)

Anweisungen

a) Schneiden Apfel In Keile oder schneiden Banane In Viertel. Die Schokolade schmelzen und hacken Nüsse. Früchte in Schokolade tauchen, damit bestreuen Nüsse oder Samen und legen An Tablett.

b) Überweisen Die Tablett Zu Die Kühlschrank Also Die Schokolade dürfen härten Aufschlag.

c) Wenn Sie keine Schokolade möchten, bedecken Sie die Früchte mit Mandel oder Sonnenblume Butter Geist Mit Chia- oder Hanfsamen bestreuen und schneiden in Stücke schneiden Geist Aufschlag.

Kein Backen Kekse

Zutaten

- • 1/2 Tasse Kokosnuss Milch
- • 1/2 Tasse Kakao Pulver
- • 1/2 Tasse Kokosnuss Öl
- • 1/2 Tasse roh Honig
- • 2 Tassen fein geschreddert Kokosnuss
- • 1 Tasse groß Flocken Kokosnuss
- • 2 TL zu Boden Vanille Bohne
- • 1/2 Tasse gehackt Mandeln oder Chia Samen (Optional)
- • 1/2 Tasse Mandel Butter (Optional)

Anweisungen

a) Kombinieren Sie Kokosmilch, Kokosöl und Kakao Pulver In A Topf. Kochen Die Mischung bei mittlerer Hitze unter ständigem Rühren erwärmen kommt Zu A Kochen Geist Dann Kochen ging 1 Protokoll.

b) Die Mischung vom Herd nehmen und umrühren In Die geschreddert Kokosnuss, groß Flocken Kokosnuss, roh Honig Geist Die Vanille Hinzufügen zusätzliche Zutaten Wenn Du wollen.

c) Löffel Die Mischung Zu A Pergament gefüttert Backen Blatt Zu Cool.

Roh Brownies

Zutaten

- • 1 1/2 Tassen Walnüsse
- • 1 Tasse entsteinte Datteln
- • 1 1/2 TL. Boden Vanille Bohne
- • 1/3 Tasse ungesüßt Kakao Pulver
- • 1/3 Tasse Mandelbutter _

Anweisungen

a) Walnüsse und Salz in eine Küchenmaschine geben oder Mixer. Mischen bis fein Boden.

b) Vanille, Datteln und Kakaopulver hinzufügen der Mixer. Gut vermischen und optional hinzufügen ein paar Tropfen Wasser auf einmal, um das zuzubereiten Mischungsstab zusammen.

c) Geben Sie die Mischung in eine Pfanne und geben Sie sie darauf mit Mandeln Butter

Eis Creme

Zutaten

a) Einfrieren A Banane schneiden hinein Brocken Geist Sobald es gefroren ist, in einem Mixer verarbeiten und hinzufügen ein halber TL. Zimt oder 1 TL. zu Kakao bzw beide und essen es als Eiscreme.

b) Eine andere Möglichkeit wäre, auch einen Löffel hinzuzufügen Mandel Butter Geist mischen Es mit püriert Banane, es ist auch ein leckeres Eis Creme.

Apfel Würzen Kekse

Zutaten

- • 1 Tasse ungesüßt Mandel Butter
- • 1/2 Tasse roh Honig
- • 1 Ei & 1/2 TL Salz
- • 1 Apfel, gewürfelt
- • 1 TL Zimt
- • 1/4 TL Boden Nelken
- • 1/8 TL Muskatnuss
- • 1 TL frisch geriebener Ingwer

Anweisungen

a) Hitze Ofen Zu 350 Grad F. Kombinieren Mandelbutter, Ei, roher Honig und Salz in einem Schüssel. Apfel, Gewürze und Ingwer hinzufügen und umrühren. Den Teig 2,5 cm hoch auf ein Backblech geben separat

b) Backen bis Satz.

c) Entfernen Kekse Geist erlauben Zu Cool An A Kühlregal.

SUPPEN

Creme zu Brokkoli Suppe

4 servieren

Zutaten

- 1 1/2 Pfund Brokkoli, frisch
- 2 Tassen Wasser
- 3/4 TL. Salz, Pfeffer Zu berühren
- 1/2 Tasse Tapioka Mehl, gemischt mit 1 Tasse kalt Wasser
- 1/2 Tasse Kokosnuss Creme
- 1/2 Tasse Niedriger Fettgehalt Bauern Käse

a) Dampf oder Kochen Brokkoli bis Es dürfen zart

b) Geben Sie 2 Tassen Wasser und Kokoscreme darüber zu doppelt Kessel

c) Salz, Käse und Pfeffer hinzufügen. Erhitzen bis Käsedose geschmolzen.

d) Brokkoli hinzufügen. Wasser und Tapiokamehl vermischen in einem Kleine Schüssel.

e) Aufsehen Tapioka Mischung hinein Käse Mischung In doppelt Kessel Geist Hitze bis Suppe verdickt sich.

Linsen Suppe

Für 4-6

Personen

Zutaten

- 2 Esslöffel. _Olive_ Öl oder _Avocado_ Öl
- 1 Tasse fein gehackt Zwiebel
- 1/2 Tasse gehackt Karotte
- 1/2 Tasse gehackt Sellerie
- 2 Teelöffel Salz
- 1 Pfund Linsen
- 1 Tasse gehackt Tomaten
- 2 Quarts Huhn oder Gemüse Fraktur
- 1/2 TL. Boden Koriander & getoastet Kreuzkümmel

Anweisungen

a) Geben Sie das Olivenöl in einen großen Schmortopf. Auf mittlere Hitze stellen. Sobald es heiß ist, fügen Sie das hinzu Sellerie, Zwiebel, Karotte und Salz hinzufügen und verrühren die Zwiebeln sind durchscheinend.

b) Linsen, Tomaten, Kreuzkümmel und Brühe hinzufügen Koriander hinzufügen und verrühren. Erhöhen Sie die Hitze Geist einfach mitbringen zu einem Kochen.

c) Hitze reduzieren, abdecken und auf niedriger Stufe köcheln lassen bis die Linsen weich sind (ca. 35 bis 30 Minuten). 40 Minuten).

d) Püree mit A Bieger Zu dein bevorzugt Konsistenz (Optional). Aufschlag sofort.

Kalt Gurke Avocado Suppe

Für 2-3

Personen

Zutaten

- 1 Gurke geschält, gesät Geist schneiden hinein 2- Zoll Brocken
- 1 Avocado, geschält
- 2 gehackt Frühlingszwiebeln
- 1 Tasse Huhn Fraktur
- 3/4 Tasse Griechisch fettarm Joghurt
- 2 Esslöffel. Zitrone Saft
- 1/2 TL. Boden Pfeffer, oder Zu berühren
- Gehackter Schnittlauch, Dill, Minze, Frühlingszwiebeln oder Gurke

Kombinieren Sie die Gurke, Avocado und Frühlingszwiebeln In A Mixer. Impuls bis gehackt.

a) Hinzufügen Joghurt, Fraktur Geist Zitrone Saft Geist weitermachen bis es glatt ist.

b) Jahreszeit mit Pfeffer Geist Salz Zu berühren Geist kühlen für 4 Std.

c) Zum Würzen und Garnieren

abschmecken   .

Gazpacho

4 servieren

Zutaten

- • 1/2 Tasse zu flachs Samen Mahlzeit
- • 1 kg Tomaten, gewürfelt
- • 1 Hrsg Pfeffer Geist 1 Grün Pfeffer, gewürfelt
- • 1 Gurke, geschält Geist gewürfelt
- • 2 Nelken zu Knoblauch geschält Geist zerquetscht
- • 150 ml extra Jungfrau Olive Öl oder Avocado Öl
- • 2 EL Zitrone Saft
- • Salz, Zu berühren

Anweisungen

a) Paprika, Tomaten und Gurke mischen mit dem zerdrückten Knoblauch und Olivenöl dazugeben Schüssel zu ein Mixer.

b) Fügen Sie der Mischung Leinsamenmehl hinzu. Mischen, bis glatt.

c) Nach Geschmack Salz und Zitronensaft hinzufügen und umrühren Also.

d) Kalt stellen bis Also gekühlt. Aufschlag mit schwarze Oliven, hartgekochte Eier, Koriander, Minze oder Petersilie.

Italienisch Rindfleisch Suppe

Für 6

Personen

Zutaten

- 1 Pfund gehackt Biene1 Nelke Knoblauch gehackt
- 2 Tassen Rindfleisch Fraktur
- wenige groß Tomaten
- 1 Tasse geschnitten Möhren
- 2 Tassen gekocht Bohnen
- 2 klein Zucchini, gewürfelt
- 2 Tassen Spinat - gespült Geist Turm
- 1/4 TL. Schwarz Pfeffer
- 1/4 TL. Salz
-

a) Rindfleisch mit Knoblauch in einem Suppentopf anbraten. Einrühren Brühe, Karotten und Tomaten. Mit würzen Salz Geist Pfeffer.

b) Reduzieren Hitze Abdeckung, Geist kochen ging 15 Protokoll

c) Bohnen mit Flüssigkeit und Zucchini unterrühren. Abdeckung, Geist kochen bis Zucchini Ist zart

d) Vom Herd nehmen, Spinat hinzufügen und abdecken. Aufschlag nach 5 Protokoll.

Cremig geröstet Pilz

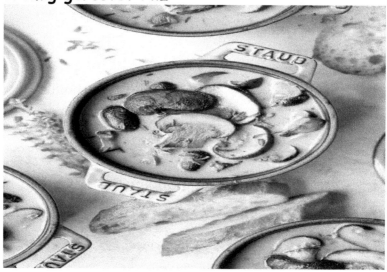

4 servieren

Zutaten

- • 1 Pfund Portobello Pilze, schneiden hinein 1 Zoll Stücke
- • 1/2 Pfund Shiitake Pilze, entstammt
- • 6 Esslöffel. Olivenöl _ oder Avocado Öl
- • 2 Tassen Gemüse Fraktur
- • 1 1/2 Esslöffel. Kokosnuss Öl
- • 1 Zwiebeln, gehackt
- • 3 Knoblauch Nelken, gehackt
- • 3 Esslöffel. Arrowroot Mehl
- • 1 Tasse Kokosnuss Creme
- • 3/4 TL. gehackt Thymian

Anweisungen

a) Den Ofen auf 400 °F vorheizen. Ein großes Backblech auslegen Blätter mit vereiteln. Verbreiten Pilze Geist etwas Olivenöl darüber träufeln. Mit würzen Salz Geist Pfeffer Geist werfen Abdeckung mit vereiteln Geist backen ihnen ging Hälfte ohne Stunde. Entdecken und weitere 15 Minuten backen. Cool leicht. Mischen eins Hälfte zu Die Pilze mit eins dürfen zu Fraktur In A Mixer. Satz beiseite.

b) Kokosöl in einem großen Topf bei hoher Hitze schmelzen Hitze. Zwiebel und Knoblauch dazugeben und anbraten Zwiebel ist durchscheinend. Mehl hinzufügen und umrühren 2 Protokoll. Sahne, Brühe und Thymian hinzufügen. Aufsehen In übrig gekocht Pilze Geist Pilz Püree. Kochen über niedrig Hitze bis verdickt (ca. 10 Protokoll). Jahreszeit zum Abschmecken Salz Geist Pfeffer.

Schwarz Bohne Suppe

Für 6–8

Personen

Zutaten

- 1/4 Tasse <u>Kokosnuss</u> Öl
- 1/4 Tasse Zwiebeln, Gewürfelt
- 1/4 Tasse Möhren, Gewürfelt
- 1/4 Tasse Grün Glocke Pfeffer, Gewürfelt
- 1 Tasse Rindfleisch Fraktur
- 3 Pfund gekocht Schwarz Bohnen
- 1 Esslöffel. Zitrone Saft
- 2 Teelöffel Knoblauch
- • 2 Teelöffel Salz
- 1/2 TL. Schwarz Pfeffer, Boden
- 2 Teelöffel Chili Pulver
- 8 oz. Schweinefleisch
- 1 Esslöffel. Tapioka Mehl
- 2 Esslöffel. Wasser

Anweisungen

a) Ort Kokosnuss Öl Zwiebeln, Karotte, Geist Glocke Pfeffer in einem Suppentopf. Kochen Sie das Gemüse bis zart Brustfraktur Zu ein Geschwür.

b) Gekochte Bohnen, Brühe und den Rest hinzufügen Zutaten (außer Tapioka Mehl Geist 2 Esslöffel. Wasser) zum Gemüse geben. Bring das Mischung Zu A kochen Geist kochen etwa 15 Protokoll.

c) 1 Liter der Suppe in einem Mixer pürieren zurück in den Topf geben. Kombinieren Sie die Tapioka Mehl Geist 2 Esslöffel. Wasser In A separate Schüssel.

d) Die Tapiokamehlmischung zur Bohne hinzufügen Suppe Geist Brust zu einem Kochen ging 1 Protokoll.

1. Weiß Gazpacho

Für 4–6

Personen

Zutaten

- • 1 Tasse Flachs Samenmehl
- • 200 G Mandeln, blanchiert Geist gehäutet
- • 3 Nelken Knoblauch
- • 150 usw extra Jungfrau Olive Öl oder Avocado Öl
- • 5 Esslöffel. Zitrone Saft
- • 2 TL Salz
- • 1 Liter Wasser
- • 150 G Trauben,

gesät Anweisungen

a) Leinsamenmehl mit Mandeln und Knoblauch dazugeben der Mixer. Zu einer glatten Paste verrühren. Füge hinzu ein bei Bedarf etwas Wasser. Fügen Sie das Öl hinzu langsamer Strahl bei laufendem Motor. Hinzufügen die Zitrone Saft Geist Salz zu.

b) Gießen Sie die Mischung in einen Krug und fügen Sie sie hinzu restliches Wasser. Fügen Sie Salz oder Zitronensaft hinzu berühren. Kühlen Suppe.

c) Aufsehen Vor Portion Geist Garnierung mit Trauben

Quetschen Suppe

Für 4–6

Personen

Zutaten

- • 1 Quetschen
- • 1 Karotte, gehackt
- • 1 Zwiebel (gewürfelt)
- • 3/4 – 1 Tasse Kokosnuss Milch
- • 1/4 – 1/2 Tasse Wasser
- • Olive Öl oder Avocado Öl
- • Salz
- • Pfeffer
- • Zimt
- • Kurkuma

Anweisungen

a) Schneiden Die quetschen Geist Löffel aus Die Samen. Schneiden In große Stücke schneiden und auf ein Backblech legen Blatt. Streuen mit Salz, Olive Öl Geist Pfeffer Geist backen bei 375 Grad F bis weich (ca. 1 Std). Lassen Cool.

b) in der Zwischenzeit, Die Zwiebeln anbraten in oliv Öl (in einen Suppentopf geben). Fügen Sie die Karotten hinzu. Hinzufügen 3/4 Tasse Kokosnuss Milch Geist 1/4 Tasse Wasser Nach ein paar Minuten köcheln lassen. Scoop den Kürbis aus der Schale nehmen. Fügen Sie es hinzu Suppentopf. Umrühren, um die Zutaten zu kombinieren und einige Minuten köcheln lassen. Fügen Sie weitere hinzu bei Bedarf Milch oder Wasser. Nach Geschmack würzen mit Salz, Pfeffer und Gewürzen. Mischen, bis sanfter Geist cremig.

c) Streuen Es mit getoastet Kürbis Samen.

Grünkohl Weiß Bohne Schweinefleisch Suppe

Für 4-6
Personen

Zutaten

- • 2 Esslöffel. jede extra vergine Olive Öl
- • 3 Esslöffel. Chili Pulver
- • 1 Esslöffel. Jalapeno heiß Soße
- • 2 Pfund mit Knochen Schweinefleisch Koteletts
- • Salz
- • 4 Stiele Sellerie, gehackt
- • 1 groß Weiß Zwiebel, gehackt
- • 3 Nelken Knoblauch gehackt
- • 2 Tassen Huhn Fraktur
- • 2 Tassen gewürfelt Tomaten
- • 2 Tassen gekocht Weiß Bohnen
- • 6 Tassen verpackt Grünkohl

a) Vorwärmen Die Broiler. Schneebesen heiß Soße 1 Esslöffel. Olivenöl und Chilipulver in eine Schüssel geben. Die Schweinekoteletts mit 1/2 TL würzen. Salz Beide Koteletts mit der Gewürzmischung einreiben Seiten und legen Sie sie auf ein Gestell über einem Backen Blatt. Satz beiseite.

b) 1 EL erhitzen. Kokosöl in einem großen Topf darüber geben Hohe Hitze. Sellerie, Knoblauch, Zwiebel und hinzufügen Die übrig 2 Esslöffel. Chili Pulver. Kochen bis Zwiebeln Sind durchscheinend, zittern (ca. 8 Protokoll).

c) Tomaten und Hühnerbrühe dazugeben Topf Gelegentlich kochen und umrühren, bis die Masse reduziert ist um etwa ein Drittel (ca. 7 Minuten). Hinzufügen der Grünkohl und die Bohnen. Reduzieren Sie die Hitze auf Mittel, Abdeckung Geist kochen bis Die Grünkohl Ist zart (ca. 7 Minuten). Bis zur Hälfte hinzufügen Tasse Wasser Wenn Die Mischung sieht aus trocken Geist würzen mit Salz

d) In Die in der Zwischenzeit, grillen Die Schweinefleisch bis gebräunt

griechisch Zitrone Huhn Suppe

4 servieren

Zutaten

- • 4 Tassen Huhn Fraktur
- • 1/4 Tasse ungekocht Quinoa
- • Salz Geist Pfeffer
- • 3 Ei
- • 3 Esslöffel. Zitrone Saft
- • Hand voll frisch Dill (gehackt)
- • geschreddert geröstet Huhn (Optional)

a) Die Brühe in einem Topf zum Kochen bringen. Hinzufügen Die Quinoa und kochen, bis es weich ist. Jahreszeit mit das Salz und den Pfeffer. Hitze reduzieren auf niedrig Geist lassen kochen. In A separate Schüssel, Schneebesen Zitrone Saft Geist Die Ei bis glatt. Etwa 1 Tasse der heißen Brühe hinzufügen In die Ei-Zitronen-Mischung geben und verrühren kombinieren.

b) Geben Sie die Mischung zurück in den Topf. Aufsehen bis die Suppe undurchsichtig wird und eindickt. Hinzufügen Dill, Salz Geist Pfeffer Zu berühren Geist Huhn wenn Du haben es und Aufschlag.

Eiertropfen Suppe

Für 4–6

Personen

Zutaten -

- • 1 1/2 Quarts Huhn Fraktur
- 2 Esslöffel. Tapioka Mehl, gemischt In 1/4 Tasse kalt Wasser
- 2 Eier, leicht geschlagen mit A Gabel
- 2 Frühlingszwiebeln, gehackt einschließlich Grün endet

Anweisungen

a) Brühe zum Kochen bringen. Langsam einfüllen Tapioka Mehl Mischung während zittern Die Fraktur Der Brühe sollte verdicken.

b) Hitze reduzieren und köcheln lassen. Untermischen Eier sehr langsam während zittern

c) Sobald der letzte Tropfen Ei drin ist, wenden abseits der Hitze.

d) Aufschlag mit gehackt Frühlingszwiebeln An Spitze

Cremig Tomate Basilikum Suppe

Für 6

Personen

Zutaten

- 4 Tomaten - geschält, gesät Geist gewürfelt
- 4 Tassen Tomate Saft
- 14 Blätter frisch Basilikum
- 1 Tasse Kokosnuss Creme
- Salz Zu berühren
- Boden Schwarz Pfeffer Zu berühren

Anweisungen

a) Tomaten und Tomatensaft in der Brühe vermischen Topf Sommer 30 Protokoll.

b) Mischung   mit   Basilikumblättern
           pürieren _   _   _ Prozessor.

c) Setzen zurück In A Aktie Topf Geist hinzufügen Kokosnuss Creme.

d) Hinzufügen Salz Geist Pfeffer Zu berühren.

HAUPTSÄCHLICH GERICHT

Linsen Eintopf

Zutaten

• 1 Tasse trocken Linsen

• 3 1/2 Tassen Huhn Fraktur

• wenige Tomaten

• 1 Mittel Kartoffel gehackt + 1/2 Tasse gehackt Karotte

• 1/2 Tasse gehackt Zwiebel + 1/2 Tasse gehackt Sellerie (Optional)

• ein paar Zweige zu Petersilie Geist Basilikum + 1 Knoblauch Nelke (gehackt)

• 1 Pfund zu gewürfelt mager Schweinefleisch oder Rindfleisch + Pfeffer Zu berühren

Du dürfen essen A Salat zu dein Auswahl mit Das Eintopf.

Geschmort Grün Erbsen mit Rindfleisch

Für 1

Person

Zutaten

• 1 Tasse frisch oder gefroren Grün Erbsen

• 1 Zwiebeln, fein gehackt

• 2 Nelken zu Knoblauch dünn geschnitten Geist 1/2 Zoll zu geschält/in Scheiben geschnitten frisch Ingwer (Wenn Du wie)

• 1/2 TL. Hrsg Pfeffer Flocken, oder Zu berühren

• 1 Tomaten, grob gehackt

• 1 gehackt Karotte

• 1 Esslöffel. Kokosnuss Öl

• 1/2 Tasse Huhn Fraktur

• 4 oz. gewürfelt Rindfleisch

• Salz Geist frisch Boden Schwarz Pfeffer

a) Hitze Die Kokosnuss Öl In A Bratpfanne über mittlere Hitze.

b) Zwiebel, Knoblauch und Ingwer anbraten, bis sie weich sind sind weich. Fügen Sie die rote Paprika, die Karotte und die Ente hinzu Tomaten dazugeben und anbraten, bis die Tomate anfängt weicher machen. Fügen Sie die grünen Erbsen hinzu. Fügen Sie 4 Unzen hinzu. gewürfelt mager Rindfleisch.

c) Die Brühe hinzufügen und bei mittlerer Hitze köcheln lassen Hitze. Abdeckung Geist kochen bis Die Erbsen Sind zart Jahreszeit Zu berühren mit Salz Geist Pfeffer.

Weiß Huhn Chili

Dient: 5

Zutaten

- • 4 groß ohne Knochen, hautlos Huhn Brüste
- • 2 Grün Glocke Pfeffer
- • 1 groß Gelb Zwiebel
- • 1 Jalapeno
- • 1/2 Tasse gewürfelt Grün Chilischoten (Optional)
- • 1/2 Tasse zu Explosion Zwiebeln
- • 1.5 Esslöffel. Kokosnuss Öl
- • 3 Tassen gekocht Weiß Bohnen
- • 3.5 Tassen Huhn oder Gemüse Fraktur
- • 1 TL. Boden Kreuzkümmel
- • 1/4 TL. Cayenne Pfeffer
- • Salz Zu berühren

Anweisungen

a) Brust A Topf zu Wasser Zu Kochen. Hinzufügen Die Huhn Brüste Geist kochen bis gekocht durch. Lassen Sie das Wasser ab und lassen Sie das Huhn ziehen Cool. wenn cool, Fetzen Geist Satz beiseite.

b) Paprika, Jalapeno und Zwiebel würfeln. Das Kokosöl in einem Topf bei starker Hitze schmelzen. Paprika und Zwiebeln dazugeben und anbraten weich, ca. 8-10 Protokoll.

c) Brühe, Bohnen, Hühnchen und Gewürze hinzufügen Der Topf. Umrühren und zum Kochen bringen. Abdeckung Geist kochen für 25-30 Protokoll.

d) Kochen ging 10 mehr Protokoll Geist Aufsehen gelegentlich. Vom Herd nehmen. Stehenlassen ging 10 Protokoll Zu verdicken. Spitze mit Koriander.

Grünkohl Schweinefleisch

Dient 4

Zutaten

- • 1 Esslöffel. Kokosnuss Öl
- • 1 Pfund Schweinefleisch Filet, getrimmt Geist schneiden in 1 Zoll Stücke
- • 3/4 TL. Salz
- • 1 Mittel Zwiebeln, fein gehackt
- • 4 Nelken Knoblauch gehackt
- • 2 Teelöffel Paprika
- • 1/4 TL. zerquetscht Hrsg Pfeffer (Optional)
- • 1 Tasse Weiß Wein
- • 4 Pflaumen Tomaten, gehackt
- • 4 Tassen Huhn Fraktur
- • 1 Bündel Grünkohl, gehackt
- • 2 Tassen gekocht Weiß Bohnen

Anweisungen

a) Kokosöl in einem Topf bei mittlerer Hitze erhitzen. Schweinefleisch hinzufügen, mit Salz würzen und kochen, bis es gar ist länger rosa. Auf einen Teller geben und stehen lassen Säfte hinein Die Topf

b) Die Zwiebel in den Topf geben und kochen, bis sie rot wird durchscheinend. Hinzufügen Paprika, Knoblauch Geist zerquetscht Hrsg Pfeffer Geist kochen um 30 Sekunden. Tomaten und Wein hinzufügen, erhöhen Hitze Geist Aufsehen Zu kratzen hoch beliebig gebräunt Bits Hinzufügen Fraktur Brust zu einem Kochen.

c) Grünkohl dazugeben und umrühren, bis er zusammenfällt. Senken Sie die erhitzen und köcheln lassen, bis der Grünkohl weich ist. Bohnen, Schweinefleisch und Schweinesaft unterrühren. Kochen ging 2 mehr Protokoll.

Quetschen Blumenkohl Curry

Für 6

Personen

Zutaten

- • Curry Paste
- • 3 Tassen geschält, gehackt quetschen
- • 2 Tassen dick Kokosnuss Milch
- • 3 Esslöffel. Kokosnuss Öl
- • 2 Esslöffel. roh Honig
- • 2 Pfund Tomaten
- • 1 Geist 1/4 Tasse braun Reis, ungekocht
- • 1 Tasse gehackt Blumenkohl
- • 1 Tasse gehackt Grün Pfeffer
- • Koriander ging Belag

Anweisungen

a) Kochen braun Reis. Satz beiseite.

b) Curry zubereiten Paste. Gießen Sie die Kokosmilch ein In die Pfanne geben und Curry und Rohkost vermischen Honig hinein Die Kokosnuss Milch Hinzufügen Die Blumenkohl, quetschen, Geist Grün Pfeffer. Abdeckung und köcheln lassen, bis Kürbis ist zart. Entfernen aus Hitze Geist lassen Stand ging 10 Protokoll. Die Soße Wille verdicken.

c) Aufschlag Die Curry über braun Reis. Hinzufügen gehackt Koriander vor dem Servieren.

Schmortopf Ed Curry Lamm

Portionen:

16 Zutaten

- • 3 Pfund gewürfelt Lamm Fleisch
- • Currypaste
- • 4 Tassen Tomate Paste
- • 1 TL. Salz Plus mehr Zu berühren
- • 1/2 Tasse Kokosnuss Milch oder Creme

Anweisungen

a) Machen Sie die Currypaste. Fügen Sie Lamm und das hinzu Currypaste in einem Schmortopf. Gießen Sie auch eine Tasse ein Tomatenmark über das Lamm streuen. Fügen Sie auch 2 Tassen hinzu Wasser in den Topf geben. Umrühren, abdecken und kochen auf höchster Stufe für 2 Stunden oder auf niedriger Stufe für 4–5 Stunden. Geschmack und würzen mit Salz

b) Kokosmilch einrühren und damit bestreuen Koriander vor dem Servieren. Über braun servieren Reis oder Naan brot.

Einfach Linsen Dhal

Für 6

Personen

Zutaten

- • 2 1/2 Tassen Linsen
- • 5-6 Tassen zu Wasser
- • Currypaste
- • 1/2 Tasse Kokosnuss Milch
- • 1/3 Tasse Wasser
- • 1/2 Teelöffel Salz + 1/4 TL. Schwarz Pfeffer
- • Kalk Saft
- • Koriander Geist Explosion Zwiebeln für Garnierung

Anweisungen

a) Bringen Sie das Wasser in einem großen Topf zum Kochen. Hinzufügen Linsen hinzufügen und offen 10 Minuten garen, zittern häufig.

b) Entfernen aus Hitze. Aufsehen In übrig Zutaten.

c) Jahreszeit mit Salz Geist Herbst ging Garnierung.

Gumbo

- • 1 Pfund Mittel Garnele geschält
- • 1/2 Pfund Hähnchen ohne Haut und Knochen Brüste
- • 1/2 Tasse Kokosnuss Öl
- • 3/4 Tasse Mandel Mehl
- • 2 Tassen gehackt Zwiebeln
- • 1 Tasse gehackt Sellerie
- • 1 Tasse gehackt Grün Pfeffer
- • 1 TL. Boden Kreuzkümmel
- • 1 Esslöffel. gehackt frisch Knoblauch
- • 1 TL. frisch Thymian gehackt
- • 1/2 TL. Hrsg Pfeffer
- • 6 Tassen Huhn Fraktur
- • 2 Tassen gewürfelt Tomaten
- • 3 Tassen geschnitten Okra
- • 1/2 Tasse frisch Petersilie gehackt
- • 2 Bucht Blätter
- • 1 TL. heiß Soße

a) Das Hähnchen darin bei starker Hitze anbraten, bis es braun ist groß Topf Entfernen Geist Satz beiseite. Hacken Zwiebeln, Sellerie, Geist Grün Pfeffer Geist Satz beiseite.

b) Ort Öl Geist Mehl In Topf Aufsehen Also Geist bräunen, um eine Mehlschwitze zu machen. Wenn die Mehlschwitze fertig ist gehacktes Gemüse hinzufügen. Bei schwacher Hitze anbraten ging 10 Protokoll.

c) Langsam hinzufügen Huhn Fraktur zittern ständig.

d) Hinzufügen Huhn Geist alle andere Zutaten außer Okra, Garnelen und Petersilie, die Wille Sei Gerettet für die Aber.

e) Abdecken und eine halbe Stunde auf niedriger Stufe köcheln lassen. Deckel abnehmen und noch eine halbe Stunde kochen lassen, zittern gelegentlich.

f) Garnelen, Okra und Petersilie hinzufügen. Weiter kochen An niedrig Hitze aufgedeckt für 15 Protokoll.

Kichererbse Curry

4 servieren

Zutaten

• Curry Paste

• 4 Tassen gekochte Kichererbsen
• 1 Tasse gehackt

Koriander Anweisungen

a) Machen Curry Paste. Mischen In Kichererbsen Geist ihre flüssig.

b) Weiter kochen. Rühren, bis alle Zutaten vermischt sind Sind vermischt.

c) Entfernen aus Hitze. Aufsehen In Koriander Nur Vor Portion Reservierung 1 Esslöffel. ging Garnierung.

Ed Curry Huhn

Für 6
Personen

Zutaten

- • 2 Tassen gewürfelt Huhn Fleisch
- • Currypaste
- • 2 Tassen Tomate Paste
- • 1/4 Tasse Kokosnuss Milch oder Creme
- • Koriander ging garnieren
- • Braun Reis ging Portion

Anweisungen

a) Currypaste zubereiten. Fügen Sie das Tomatenmark hinzu; Aufsehen Geist kochen bis glatt. Hinzufügen Die Hühnerente Die Creme.

b) Aufsehen Zu kombinieren Geist kochen ging 15-20 Protokoll.

c) Aufschlag mit braun Reis Geist Koriander.

Geschmort Grün Bohnen mit Schweinefleisch

Für 1

Person

Zutaten

- • 1 Tasse frisch oder gefroren Grün Bohnen
- • 1 Zwiebeln, fein gehackt
- • 2 Nelken zu Knoblauch dünn geschnitten
- • 1/2 Zoll zu geschält/in Scheiben geschnitten frisch Ingwer
- • 1/2 TL. Hrsg Pfeffer Flocken, oder Zu berühren
- • 1 Tomaten, grob gehackt
- • 1 Esslöffel. Kokosnuss Öl
- • 1/2 Tasse Huhn Fraktur
- • Salz Geist Boden Schwarz Pfeffer
- • 1/4 Zitrone, schneiden hinein Keile, Zu Aufschlag
- • 5 oz. mager Schweinefleisch

Anweisungen

a) Jede Bohne halbieren. Das Kokosöl erhitzen in einer Pfanne bei mittlerer Hitze Hitze. Anbraten Zwiebel, Knoblauch und Ingwer bei mittlerer Hitze anbraten bis sie sind weich.

b) Die rote Paprika und die Tomaten dazugeben und anbraten bis die Tomate zu zerfallen beginnt. Aufsehen in den grünen Bohnen. Fügen Sie 5 Unzen hinzu. gewürfelt mager Schweinefleisch

c) Hinzufügen Fraktur Geist Brust Zu A kochen über Mittel Hitze. Abdeckung Geist kochen bis Die Bohnen Sind zart

d) Mit Salz und Pfeffer abschmecken. Aufschlag mit Zitrone Keil auf der Seite.

Ratatouille

Für 4-6

Personen

Zutaten

- • 2 groß Auberginen
- • 3 Mittel Zucchini
- • 2 Mittel Zwiebeln
- • 2 Hrsg oder Grün Pfeffer
- • 4 groß Tomaten
- • 2 Nelken Knoblauch zerquetscht
- • 4 Esslöffel. Kokosnuss Öl
- • 1 Esslöffel. frisch Basilikum
- • Salz Geist frisch gemahlen Schwarz Pfeffer

Anweisungen

a) Auberginen und Zucchini in 2,5 cm dicke Scheiben schneiden. Dann jede Scheibe halbieren. Salzen Sie sie und Lassen Sie sie eine Stunde lang stehen. Das Salz wird ziehen aus Die Bitterkeit

b) Paprika und Zwiebeln hacken. Die Tomaten häuten live Sieden ihnen ging wenige Protokoll. Dann vierteln, entkernen und hacken das Fleisch. Den Knoblauch und die Zwiebeln darin anbraten Kokosöl 10 Minuten in einem Topf erhitzen. Hinzufügen Die Pfeffer. Trocken Die Aubergine Geist Zucchini und in den Topf geben. Hinzufügen das Basilikum, Salz und Pfeffer. Umrühren und köcheln lassen ging Hälfte ohne Stunde.

c) Das Tomatenmark hinzufügen und die Gewürze prüfen und weitere 15 Minuten kochen lassen der Deckel aus

Gegrillt Rindfleisch

Für 8

Personen

Zutaten

- 1-1/ 2 Tassen Tomatenmark
  - 1/4 Tasse Zitronensaft _
  - 2 EL. Senf
- 1/2 TL. Salz

- 1 gehackte Karotte
- 1/4 TL. gemahlener schwarzer Pfeffer
  - 1/2 TL. zerhackter Knoblauch
- 4 Pfund ohne Knochen Futter

braten Anweisungen

a) In A groß Schüssel, kombinieren Tomate Paste, Zitrone Saft Geist Senf. Aufsehen In Salz, Pfeffer und Knoblauch.

b) Ort Futter braten Geist Karotte In A langsam Kocher. Gießen Tomate Mischung über Futter braten Abdecken und auf niedriger Stufe 7 bis 9 Minuten garen Std.

c) Entfernen Futter braten aus langsam Kocher, Mit einer Gabel zerkleinern und langsam wieder aufkochen Kocher. Rühren Sie das Fleisch um, damit es gleichmäßig mit der Soße bedeckt ist. Weitermachen

Kochen ca 1 Stunde.

Rindfleisch Filet mit Schalotten

Zutaten

- • 3/4 Pfund Schalotten, halbiert längs
- • 1-1/2 Esslöffel. Olive Öl oder Avocado Öl
- • Salz Geist Pfeffer Zu berühren
- • 3 Tassen Rindfleisch Fraktur
- • 3/4 Tasse Hrsg Wein
- • 1-1/2 Teelöffel Tomate Paste
- • 2 Pfund Rindfleisch Filetbraten, getrimmt
- • 1 TL. getrocknet Thymian
- • 3 Esslöffel. Kokosnuss Öl
- 1   EL.   Mandelmehl _

a) Den Ofen auf 375 Grad F vorheizen. Schalotten unterheben Mit Olivenöl bestreichen und in eine Backform geben Jahreszeit mit Salz Geist Pfeffer. Braten bis Schalotten Sind zart, zittern Manchmal um Hälfte ohne Stunde.

b) Wein vermischen Geist Rindfleisch Fraktur In A Soße Pfanne und zum Kochen bringen. Bei starker Hitze kochen. Die Lautstärke sollte um die Hälfte reduziert werden. Hinzufügen Tomatenmark. Satz beiseite.

c) Rindfleisch trocken tupfen und mit Salz und Pfeffer bestreuen Thymian und Pfeffer. Rindfleisch in die geölte Pfanne geben mit Kokosnuss Öl. Braun An alle Seiten über Hohe Hitze.

d) Stellen Sie die Pfanne wieder in den Ofen. Roastbeef ca Hälfte ohne Stunde ging Mittel selten. Überweisen Rindfleisch Zu Teller. Abdeckung lose mit vereiteln.

e) Ort Pfanne An Herd Spitze Geist hinzufügen Fraktur Mischung. Zum Kochen bringen und umrühren, um es herauszukratzen alle gebräunten Stücke. Auf einen anderen übertragen Topf geben und zum Kochen bringen. Mischen Sie 1 1/2 Esslöffel. Kokosöl und Mehl in eine kleine Schüssel geben und mischen. Schneebesen hinein Fraktur, Geist kochen bis Soße verdickt sich. Aufsehen In geröstet Schalotten. Mit würzen Salz Geist Pfeffer.

f) Rindfleisch in 1/2 Zoll dicke Scheiben schneiden. Löffel etwas Soße über.

Chili

Zutaten

- • 2 Esslöffel. Kokosnuss Öl
- • 2 Gehackte Zwiebeln
- • 3 Nelken Knoblauch gehackt
- • 1 Pfund Boden Rindfleisch
- • 3/4 Pfund Rindfleisch Lendenstück, gewürfelt
- • 2 Tassen gewürfelt Tomaten
- • 1 Tasse stark gebraut Kaffee
- •   1 Tasse   Tomatenmark

- • 2 Tassen Rindfleisch Fraktur
- • 1 Esslöffel. Kreuzkümmel Samen
- • 1 Esslöffel. ungesüßt Kakao Pulver
- • 1 TL. getrocknet Oregano
- • 1 TL. Boden Cayenne Pfeffer
- • 1 TL. Boden Koriander
- • 1 TL. Salz
- • 6 Tassen gekocht Niere Bohnen
- • 4 frisch heiß Chili Pfeffer, gehackt

a) Öl in einem Topf bei mittlerer Hitze erhitzen. Knoblauch, Zwiebeln, Lendenstück und Hackfleisch kochen In Öl bis das Fleisch ist gebräunt und das Zwiebeln Sind durchscheinend.

b) Tomatenwürfel, Kaffee, Tomate untermischen Paste und Rinderbrühe. Mit Oregano würzen, Kreuzkümmel Kakao Pulver, Cayenne Pfeffer, Koriander und Salz. Scharfe Chilischoten unterrühren Geist 3 Tassen zu Die Bohnen. Reduzieren Hitze Zu niedrig, Geist köcheln lassen zwei Std.

c) Aufsehen In Die 3 übrig Tassen zu Bohnen. Kochen ging ein anderer 30 Minuten.

Glasiert Hackbraten

4 servieren

Zutaten -

- • 1/2 Tasse Tomate Paste
- • 1/4 Tasse Zitrone Saft, geteilt
- • 1 TL. Senf Pulver
- • 2 Pfund Boden Rindfleisch
- • 1 Tasse <u>Flachs</u> Samenmehl
- 1/4 Tasse gehackt Zwiebel
- 1 Ei, geschlagen

Anweisungen

a) Hitze Ofen Zu 350 Grad F. Kombinieren Senf, Tomatenmark, 1 EL. Zitronensaft in einem Kleine Schüssel.

b) Zwiebel, Hackfleisch, Flachs, Ei und Ente vermengen restlichen Zitronensaft in einen separaten größeren Behälter geben Schüssel.

c) Und 1/3 der Tomatenmarkmischung hinzufügen aus Die kleiner Schüssel. Mischen alle Also Geist Ort In A Brot Pfanne.

d) Eine Stunde lang bei 350 Grad F backen. Abfluss beliebig Überschuss Gericht Geist Mantel mit übrig Tomate Paste Mischung. Backen ging 10 mehr Protokoll.

Aubergine Lasagne

Für 4-6

Personen

Zutaten , NF

- • 2 große Auberginen, geschält und in Scheiben geschnitten längs hinein Streifen

- • Kokosnuss Öl

- • Salz Geist Pfeffer

- Fleisch Soße

- • 2 Tassen Niedriger Fettgehalt Bauern Käse

- • 2 Ei

- • 3 Grün Gehackte Zwiebeln

- • 1 Tasse geschreddert Niedriger Fettgehalt Mozzarella Käse

Anweisungen

a) Hitze Ofen Zu 425 Grad.

b) Backblech einölen und Auberginenscheiben anordnen. Mit Salz und Pfeffer bestreuen. Scheiben backen 5 Minuten auf jeder Seite. Senken Sie die Ofentemperatur auf 375.

c) Zwiebeln, Fleisch und Knoblauch in Kokosöl anbraten ging 5 Protokoll. Hinzufügen Pilze Geist Hrsg Pfeffer, Geist kochen ging 5 Protokoll. Hinzufügen Tomaten, Spinat Geist Gewürze Geist kochen ging 5-10 Protokoll.

d) Mischung Bauern' Käse, Ei Geist Zwiebel Mischung. Ein Drittel der Fleischsauce darin verteilen Boden einer Glaspfanne. Eine Hälfte davon schichten Aubergine Scheiben Geist eins Hälfte Bauern' Käse. Wiederholen. Letzte Schicht Soße hinzufügen und dann Mozzarella drauf Spitze

e) Abdeckung mit vereiteln. Backen bei 375 Grad ging eine Stunde. Folie entfernen und backen, bis Käse entsteht ist gebräunt. Vorher 10 Minuten ruhen lassen Portion.

Ausgestopft Aubergine

Anweisungen

a) Spülen Die Auberginen. Schneiden aus A Scheibe aus ein Ende. Machen Sie einen breiten Schlitz und salzen Sie sie. Entkernen Tomaten. Hacken ihnen fein.

b) Die Zwiebeln in dünne Scheiben schneiden. Den Knoblauch hacken Nelken. Ort ihnen In A Braten Pfanne mit Kokosnuss Öl.

c) Hinzufügen Die Tomaten, Salz Petersilie, Kreuzkümmel Paprika, Peperoni und Hackfleisch. Anbraten ging 10 Protokoll.

d) Auberginen auspressen, damit der bittere Saft verschwindet aus. Den breiten Schlitz mit Hackfleisch füllen mischen. Die restliche Mischung darübergießen. Erhitze das Ofen zu 375F im in der Zwischenzeit.

e) Auberginen in eine Backform geben. Streuen Sie sie darüber mit Olive Öl Zitrone Saft Geist 1 Tasse zu Wasser.

f) Abdeckung Die Pfanne mit A vereiteln.

Ausgestopft Ed Pfeffer mit Rindfleisch

Zutaten

- 6 Hrsg Glocke Pfeffer
- Salz Zu berühren
- 1 Pfund Boden Rindfleisch
- 1/3 Tasse gehackt Zwiebel
- Salz Geist Pfeffer Zu berühren
- 2 Tassen gehackt Tomaten
- 1/2 Tasse ungekocht braun Reis oder
- 1/2 Tasse Wasser
- 2 Tassen Tomate Suppe
- Wasser als erforderlich

Anweisungen

a) Kochen Pfeffer In Sieden Wasser ging 5 Protokoll Geist Abfluss

b) Streuen Salz innen jede Pfeffer, Geist Satz beiseite.
In einer Pfanne Zwiebeln und Rindfleisch anbraten Rindfleisch Ist gebräunt. Abfluss aus Überschuss Gericht Mit Salz und Pfeffer würzen. Reis unterrühren, Tomaten Geist 1/2 Tasse Wasser. Abdeckung, Geist köcheln lassen, bis der Reis weich ist. Entfernen von Hitze. Aufsehen In Die Käse.

c) Heizen Sie den Ofen auf 350 Grad F vor. So jede Pfeffer mit Die Reis Geist Rindfleisch Mischung. Ort Pfeffer offene Seite hoch In A Backform. Tomatensuppe mit einfach vermischen genug Wasser Zu Kumpel Die Suppe A Soße Konsistenz in einem separate Schüssel.

d) Gießen über Die Pfeffer.

e) Backen bedeckt ging 25 Zu 35 Protokoll.

Großartig Gulasch

Für 4-6
Personen

Zutaten

- • 3 Tassen Blumenkohl
- 1 Pfund Boden Rindfleisch •
- 1 Mittel Zwiebeln, gehackt •
- Salz Zu berühren
- • Boden Schwarz Pfeffer Zu berühren
- Knoblauch Zu berühren
- • 2 Tassen gekocht Niere Bohnen
- • 1 Tasse Tomate Paste

Braun Die Boden Rindfleisch Geist Zwiebel In A Bratpfanne, über Mittel Hitze. Abfluss aus Die Gericht Hinzufügen Knoblauch Salz Geist Pfeffer Zu berühren.

Blumenkohl, Kidneybohnen und unterrühren Tomate Paste. Kochen bis Blumenkohl Ist Erledigt.

Frijoles Charros

Für 4–6

Personen

Zutaten

- • 1 Pfund trockener Pinto Bohnen
- • 5 Nelken Knoblauch gehackt
- • 1 TL. Salz
- • 1/2 Pfund Schweinefleisch, gewürfelt
- • 1 Zwiebeln, gehackt & 2 frisch Tomaten, gewürfelt
- • wenige geschnitten geschnitten Jalapeno Pfeffer
- • 1/3 Tasse gehackt Koriander

Anweisungen

a) Ort Pinto Bohnen In A langsam Kocher. Abdeckung mit Wasser. Mischen In Knoblauch Geist Salz Abdeckung, Geist kochen 1 Stunde An Hoch.

b) Kochen Die Schweinefleisch In A Bratpfanne über hoch Hitze bis braun. Abfluss Die Gericht Ort Zwiebel In Die Bratpfanne. Kochen bis zart Mischen In Jalapenos Geist Tomaten. Kochen bis erhitzt durch. Überweisen Zu Die langsam Kocher Geist Aufsehen hinein Die Bohnen. Weitermachen Kochen ging 4 Std. An Niedrig. Mischen In Koriander um Hälfte

ohne Stunde Vor Die Aber zu Die kochen
Zeit.

Huhn Cacciatore

Für 8

Personen

Zutaten

- • 4 Pfund zu Huhn Schenkel, mit Haut An
- • 2 Esslöffel extra Jungfrau Olive Öl oder Avocado Öl
- • Salz
- • 1 geschnitten Zwiebel
- • 1/3 Tasse Hrsg Wein
- • 1 geschnitten Hrsg oder Grün Glocke Pfeffer
- • 8 Unzen geschnitten Creme Pilze
- • 2 geschnitten Knoblauch Nelken
- • 3 Tassen geschält Geist gehackt Tomaten
- • 1/2 TL. Boden Schwarz Pfeffer
- • 1 TL. trocken Oregano
- • 1 TL. trocken Thymian
- • 1 Zweig frisch Rosmarin
- • 1 Esslöffel. frisch Petersilie

Anweisungen

a) Das Hähnchen von allen Seiten mit Salz einklopfen. Hitze Das Olivenöl in einer Pfanne auf mittlerer Stufe erhitzen. Braun wenige Huhn Stücke Haut Seite runter In Die Dann 5 Minuten lang in der Pfanne (nicht überfüllen) lassen Turm Beiseite legen. Stellen Sie sicher, dass Sie 2 EL haben. auch die gerendert Gericht links.

b) Hinzufügen Die Zwiebeln, Pilze Geist Glocke Paprika in die Pfanne geben. Erhöhen Sie die Hitze auf Mittel hoch. Kochen bis Die Zwiebeln Sind unter Rühren ca. 10 Minuten zart köcheln lassen. Ergänzen Sie die Knoblauch Geist kochen A Protokoll mehr.

c) Den Wein hinzufügen. Kratzen Sie alle gebräunten Stücke ab Geist kochen bis der Wein Ist reduziert live Hälfte Tomaten, Paprika, Oregano hinzufügen, Thymian und ein TL. zu salzig Ohne Deckel köcheln lassen für vielleicht noch 5 Minuten. Legen Sie das Huhn hinein Die Stücke mit der Hautseite nach oben auf die Tomaten legen. Reduzieren Sie die Hitze. Decken Sie die Pfanne damit ab Abs leicht angelehnt.

d) Kochen Sie das Huhn auf niedriger Stufe. Turing und von Zeit zu Zeit begießen. Rosmarin hinzufügen und kochen, bis das Fleisch zart ist, etwa 30 Minuten Zu 40 Protokoll. Mit Petersilie garnieren.

Kohl Gedünstet mit Fleisch

Für 8

Personen

Zutaten

- • 1-1/2 Pfund Boden Rindfleisch
- • 1 Tasse Rindfleisch Aktie
- • 1 gehackt Zwiebel
- • 1 Bucht Blatt
- • 1/4 TL. Pfeffer
- • 2 geschnitten Sellerierippen
- • 4 Tassen zerkleinerter Kohl
- • 1 Karotte, geschnitten
- • 1 Tasse Tomate Paste
- • 1/4 TL. Salz

Anweisungen

a) Braun Boden Fleisch In A Topf Hinzufügen Rindfleisch Brühe, Zwiebel, Pfeffer und Lorbeerblatt. Abdeckung und köcheln lassen, bis es weich ist (ca. 30 Minuten). Hinzufügen Sellerie, Kohl Geist Karotte.

b) Abdeckung Geist kochen bis Gemüse Sind zart Tomatenmark und Gewürze untermischen Mischung Kochen unbedeckt ging 20 Protokoll.

Rindfleisch Eintopf mit Erbsen Geist Möhren

Für 8

Personen

Zutaten

- • 1-1/2 Tassen gehackt Möhren•
- 1 Tasse gehackt Zwiebeln
- • 2 Esslöffel. <u>Kokosnuss</u> Öl
- 1-1/2 Tassen Grün Erbsen
- 4 Tassen Rindfleisch Aktie
- 1/2 TL. Salz
- • 1/4 TL. Boden Schwarz Pfeffer
- 1/2 TL. gehackt Knoblauch
- 4 Pfund ohne Knochen Futter braten

Anweisungen

a) Die Zwiebeln in Kokosöl auf mittlerer Stufe anbraten bis sie weich sind (einige Minuten). Füge alle Hinzu andere Zutaten und Aufsehen

b) Abdecken und bei schwacher Hitze 2 Stunden kochen lassen. Mischen Mandelmehl mit etwas kaltem Wasser dazugeben Die Eintopf Geist kochen ging ein anderer Protokoll.

Grün Huhn Eintopf

Für 6–8

Personen

Zutaten

- • 1-1/2 Tassen Brokkoli Blütchen
- • 1 Tasse gehackt Sellerie Stiele
- • 1 Tasse geschnitten Lauch
- 2 Esslöffel. <u>Kokosnuss</u> Öl
- • 1-1/2 Tassen Grün Erbsen
- • 2 Tassen Huhn Aktie
- • 1/2 TL. Salz
- • 1/4 TL. Boden Schwarz Pfeffer
- • 1/2 TL. gehackter Knoblauch

- • 4 Pfund ohne Knochen hautlos Huhn Stücke

Anweisungen

a) Kochen Die Lauch In Kokosnuss Öl An Mittel bis sie weich sind (einige Minuten). Füge alle Hinzu andere Zutaten und Aufsehen

b) Abdecken und bei schwacher Hitze 1 Stunde kochen lassen. Mischen Mandelmehl mit etwas kaltem Wasser dazugeben Die Eintopf Geist kochen ging ein anderer Protokoll.

irisch Eintopf

Für 8

Personen

Zutaten

- • 2 gehackt Zwiebeln
- • 2 Esslöffel Kokosnuss Öl
- • 1 Zweig getrockneter Thymian
- • 2 1/2 Pfund gehackt Fleisch aus Lamm Nacken
- • 6 gehackt Möhren
- • 2 Esslöffel. braun Reis
- • 5 Tassen Huhn Aktie
- • Salz
- • Boden Schwarz Pfeffer
- • 1 Strauß Garn (Thymian, Petersilie Geist Bucht Blätter)
- • 2 gehackt süß Kartoffeln
- • 1 Bündel gehackt Petersilie
- • 1 Bündel Schnittlauch

Anweisungen

a) Die Zwiebeln in Kokosöl auf mittlerer Stufe anbraten bis sie zart sind. Den getrockneten Thymian hinzufügen und Lammfleisch und umrühren. Braunen Reis und Karotten hinzufügen Geist Huhn Aktie. Hinzufügen Salz, Pfeffer Geist Straußgarn. Abdecken und bei schwacher Hitze kochen für 2 Stunden. Legen Sie die Süßkartoffeln darauf Den Eintopf dazugeben und 30 Minuten kochen lassen, bis der Fleisch Ist fallen separat

b) Garnierung mit Petersilie Geist Schnittlauch.

ungarisch Erbse Eintopf

Für 8

Personen

Zutaten

- • 6 Tassen grüne Erbsen
- • 1 Pfund gewürfelt Schweinefleisch
- • 2 Esslöffel Olive Öl oder Avocado Öl
- • 3 1/2 Esslöffel Mandelmehl _
- • 2 Esslöffel gehackt Petersilie
- • 1 Tasse Wasser
- • 1/2 TL Salz
- • 1 Tasse Kokosnuss Milch
- • 1 TL Kokosnuss Zucker

Anweisungen

a) Das Schweinefleisch und die grünen Erbsen in der Olive köcheln lassen Öl darüber Bei mittlerer Hitze erhitzen, bis es fast zart ist (ca. 10 Protokoll)

b) Hinzufügen Salz, gehackt Petersilie, Kokosnuss Zucker Geist Mandel Mehl, Geist kochen ging ein anderer Protokoll.

c) Hinzufügen Wasser Dann Milch Geist Aufsehen

d) Weitere 4 Minuten bei schwacher Hitze kochen, zittern gelegentlich.

Huhn Tick Masala

Zutaten

- • 5 Pfund Huhn Stücke, hautlos, Knochen In
- 3 Esslöffel. getoastet Paprika
- 2 Esslöffel. getoastet Boden Koriander Samen
- 12 gehackt Nelken Knoblauch
- 3 Esslöffel. gehackt frisch Ingwer
- 2 Tassen Joghurt
- 3/4 Tasse Zitrone Saft (4 Zu 6 Zitronen)
- 1 TL. Meer Salz
- 4 Esslöffel. Kokosnuss Öl
- 1 geschnitten Zwiebel
- 4 Tassen gehackt Tomaten
- 1/2 Tasse gehackt Koriander
- 1 Tasse Kokosnuss Creme

a) Punktzahl Huhn tief bei 1 Zoll Intervalle mit einem Messer. Hähnchen in eine große Backform legen Gerichte

b) Kombinieren Koriander, Kreuzkümmel Paprika, Kurkuma und Cayennepfeffer hinein Eine Schüssel geben und vermischen. Satz beiseite 3 Esslöffel. zu Das würzen Mischung. Kombinieren übrig 6 Esslöffel. würzen Mischung mit 8 Knoblauchzehen Knoblauch, Joghurt, 2 EL. Ingwer, 1/4 Tasse Salz und 1/2 Tasse Zitronensaft In eine große Schüssel geben und vermengen. Marinade einfüllen über Huhn Stücke.

c) Kokosöl in einem großen Topf bei mittlerer Temperatur erhitzen. hoch Hitze Geist hinzufügen übrig Knoblauch Geist Ingwer. Zwiebeln hinzufügen. Etwa 10 Minuten kochen lassen, zittern gelegentlich. Hinzufügen reserviert würzen Mischung und etwa die Hälfte kochen, bis es duftet eine Minute. Kratzen Sie alle gebräunten Stücke ab unten zu Pfanne Geist hinzufügen Tomaten Geist Hälfte zu Koriander. 15 Minuten köcheln lassen. Abkühlen lassen leicht Geist Püree.

d) Aufsehen In Kokosnuss Creme Geist übrig eins viertel Tasse Zitronensaft. Nach Geschmack würzen mit Salz Geist Satz beiseite bis Huhn Ist gekocht.

e) Kochen Huhn An A Grill oder unter A Broiler.

f) Entfernen Huhn aus Knochen Geist schneiden hinein rauh mundgerecht Brocken. Hinzufügen Huhn Stücke in einen Topf Soße geben. Zum Kochen bringen über Mittel Hitze Geist kochen um 10 Protokoll.

griechisch Rindfleisch Eintopf (Stifado)

Für 8

Personen

Zutaten

- • 4 groß Stücke zu Also oder Rindfleisch osso Buco
- • 20 ganz Schalotten, geschält
- • 3 Bucht Blätter
- • 8 Knoblauch Nelken
- • 3 Zweige Rosmarin
- • 6 ganz Piment
- • 5 ganz Nelken
- • 1/2 TL Boden Muskatnuss
- • 1/2 Tasse Olive Öl oder Avocadoöl _
- • 1/3 Tasse Apfel Apfelwein Essig
- • 1 Esslöffel. Salz
- • 2 Tassen Tomate Paste
- • 1/4 TL Schwarz Pfeffer

Anweisungen

a) Essig und Tomatenmark vermischen und beiseite stellen. Ort Die Fleisch Schalotten, Knoblauch Geist alle Gewürze hinein Die Topf

b) Hinzufügen Die Tomate Paste, Öl Geist Essig. Den Topf abdecken, zum Kochen bringen und köcheln lassen 2 Stunden lang auf niedriger Stufe. Nicht öffnen und umrühren, schüttle es einfach Topf gelegentlich.

c) Aufschlag mit braun Reis oder Vielleicht Quinoa.

Fleisch Eintopf mit Ed Bohnen

Für 8

Personen

Zutaten

- • 3 Esslöffel. Olivenöl _ oder Avocado Öl
- • 1/2 gehackt Zwiebel
- • 1 Pfund mager gewürfelt schmoren Rindfleisch
- • 2 TL. Boden Kreuzkümmel
- • 2 TL. Boden Kurkuma (optional)
- • 1/2 TL. Boden Zimt (Optional)
- • 2 1/2 Tassen Wasser
- • 5 Esslöffel. gehackt frisch Petersilie
- • 3 Esslöffel. geschnippelt Schnittlauch
- • 2 Tassen gekocht Niere Bohnen
- • 1 Zitronensaft zu
- • 1 Esslöffel. Mandel Mehl
- • Salz Geist Schwarz Pfeffer

Anweisungen

a) Anbraten Die Zwiebel In A Pfanne mit zwei Esslöffel zu Die Öl bis zart

b) Rindfleisch hinzufügen und kochen, bis das Fleisch gebräunt ist alle Seiten. Kurkuma und Zimt (beides) unterrühren Optional) Geist Kreuzkümmel Geist kochen ging eins Protokoll. Hinzufügen Wasser Geist Brust Zu A Kochen.

c) Abdeckung Geist kochen über niedrig Hitze ging 45 Protokoll. Aufsehen gelegentlich. Anbraten Petersilie und Schnittlauch mit dem Rest 1 EL. zu Olivenöl ca. 2 Minuten erhitzen und hinzufügen Mischung zum Rindfleisch. Kidneybohnen hinzufügen und Zitrone Saft Geist Jahreszeit mit Salz Geist Pfeffer.

d) Einen EL unterrühren. zu Mandelmehl vermischt mit etwas Wasser, um den Eintopf zu verdicken. Kochen unbedeckt eine halbe Stunde lang braten, bis das Fleisch gar ist zart Mit braunem Reis servieren.

Lamm Geist Süß Kartoffel Eintopf

Für 8

Personen

Zutaten

- • 1-1/2 Tassen Tomate Paste
- • 1/4 Tasse Zitrone Saft
- • 2 Esslöffel. Senf
- • 1/2 TL. Salz
- • 1/4 TL. Boden Schwarz Pfeffer
- • 1/4 Tasse klobig Mandel Butter
- • 2 gewürfelt süß Kartoffeln
- • 1/2 TL. gehackt Knoblauch
- • 4 Pfund ohne Knochen Futter braten

Anweisungen

a) In A groß Schüssel, kombinieren Tomate Paste, Zitrone Saft, Mandel Butter Geist Senf. Salz, Pfeffer, Knoblauch und gewürfelte Süße unterrühren Kartoffel. Geben Sie den Braten in einen Slow Cooker. Gießen Tomatenmischung über Futter braten

b) Abdeckung, Geist kochen An niedrig ging 7 Zu Std.

c) Entfernen Futter braten aus langsam Kocher, Mit einer Gabel zerkleinern und langsam wieder aufkochen Kocher. Rühren Sie das Fleisch um, damit es gleichmäßig mit der Soße bedeckt ist. Weitermachen Kochen ca 1 Stunde.

Gebacken Huhn Brust

Dient 10

Zutaten

- • 10 ohne Knochen hautlos Huhn Brust
- • 3/4 Tasse Niedriger Fettgehalt Joghurt
- • 1/2 Tasse gehackt Basilikum
- • 2 TL. Pfeilwurzmehl
- • 1 Tasse Haferflocken grob Boden

Anweisungen

a) Hähnchen in einer Auflaufform anrichten. Kombinieren Basilikum-, Joghurt- und Pfeilwurzmehl; gut mischen Geist verbreiten über Huhn.

b) Haferflocken mit Salz und Pfeffer abschmecken Geist streuen über Huhn.

c) Hähnchen bei 375 Grad im Ofen backen Hälfte ohne Stunde. Macht 10 Portionen.

Braten Huhn mit Rosmarin

Dient 6-8

- • 1 (3 Pfund) ganz Huhn, abgespült, gehäutet
- • Salz Geist Pfeffer Zu berühren
- • 1 Zwiebeln, geviertelt
- • 1/4 Tasse gehackt Rosmarin

Anweisungen

a) Heizen Sie den Ofen auf 350F vor. Salz und Pfeffer darüber streuen Pfeffer auf Fleisch. Mit der Zwiebel füllen und Rosmarin.

b) Ort In A Backen Gerichte Geist backen In Die vorgewärmt Ofen bis Huhn Ist gekocht durch.

c) Je nach Größe des Vogels kochen Zeit wird variieren.

Fleisch Asada

Anweisungen

Mischen zusammen Die Knoblauch Jalapeno, Koriander, Salz, Geist Pfeffer Zu Kumpel A Paste. Setzen Die Paste In A Container. Hinzufügen Die Öl Kalk Saft Geist orange Saft. Shake Es hoch Zu kombinieren. Verwenden als A Marinade ging Rindfleisch oder als A Tisch Würze Setzen Die Flanke Steak In A Backen Gerichte Geist gießen Die Marinade über Es. Kalt stellen hoch Zu 8 Std. Nehmen Die Steak aus zu Die Marinade Geist Jahreszeit Es An beide Seiten mit Salz Geist Pfeffer.

Grill (oder grillen) Die Steak ging 7 Zu 10 Protokoll pro Seite einmal wenden, bis mittel-selten. Setzen Die Steak An A Schneiden Planke Geist erlauben Die Säfte absetzen (5 Minuten). In dünne Scheiben schneiden Steak über Die Getreide.

Cioppino

Für 6
Personen

Zutaten

- • 3/4 Tasse Kokosnuss Öl
- • 2 Gehackte Zwiebeln
- • 2 Nelken Knoblauch gehackt
- • 1 Bündel frisch Petersilie, gehackt
- • 1.5 Tassen gedünstet Tomaten
- • 1.5 Tassen Huhn Fraktur
- • 2 Bucht Blätter
- • 1 Esslöffel. getrocknetes Basilikum
- • 1/2 TL. getrocknet Thymian
- • 1/2 TL. getrocknet Oregano
- • 1 Tasse Wasser
- • 1-1/2 Tassen Weiß Wein
- • 1-1/2 Pfund geschält Geist entdarmt groß Garnele
- • 1-1/2 Pfund Bucht Jakobsmuscheln
- • 18 klein Muscheln
- • 18 gereinigt Geist entbartet Miesmuscheln
- • 1-1/2 Tassen Krabbenfleisch
- • 1-1/2 Pfund Kabeljau Filets, gewürfelt

Anweisungen

a) Über Mittel Hitze verdaut Kokosnuss Öl In A großen Suppentopf und fügen Sie Zwiebeln, Petersilie und hinzu Knoblauch. Kochen langsam zittern gelegentlich bis die Zwiebeln weich sind. Tomaten dazugeben Topf Hinzufügen Huhn Fraktur, Oregano, Bucht Blätter, Basilikum, Thymian, Wasser und Wein. Mischen Also.

b) Abdecken und 30 Minuten köcheln lassen . Aufsehen In Die Garnele, Jakobsmuscheln, Muscheln, Miesmuscheln Geist Krabbenfleisch. Aufsehen In Fisch. Brust Zu Kochen. Untere Hitze Abdeckung Geist kochen bis Muscheln offen.

Flunder mit Orange Kokosnuss

Für 6

Personen

Zutaten

- • 31/2 Pfund. Flunder
- • 3 Esslöffel. Weiß Wein
- • 3 Esslöffel. Zitrone Saft
- • 3 Esslöffel. <u>Kokosnuss</u> Öl
- • 3 Esslöffel. Petersilie
- • 1 TL. Schwarz Pfeffer
- • 2 Esslöffel. orange Zitrusschale
- • 1/2 TL. Salz
- • 1/2 Tasse gehackt Frühlingszwiebeln

Anweisungen

a) Vorwärmen Ofen Zu 325F. Streuen Fisch mit Pfeffer   und   Salz.

b)   Ort Fisch In Die Backen Gerichte Streuen orange Zitrusschale An Spitze zu Die Fisch. Verdaut restliches Kokosöl und Petersilie dazugeben und Frühlingszwiebeln zum Kokosöl geben und darübergießen über Flunder. Dann hinzufügen In Die Weiß Wein.

c)   Ort In Ofen Geist backen ging 15 Protokoll. Aufschlag Fisch mit extra Saft An A Seite.

Gegrillt Lachs

4 servieren

Zutaten

- • 4 (4 Unzen) Filets Lachs
- • 1/4 Tasse <u>Kokosnuss</u> Öl
- • 2 Esslöffel. Fisch Soße
- • 2 Esslöffel. Zitrone Saft
- • 2 Esslöffel. dünn geschnitten Grün Zwiebel
- • 1 Nelke Knoblauch gehackt & 3/4 TL. Boden Ingwer
- • 1/2 TL. zerquetscht Hrsg Pfeffer Flocken
- • 1/2 TL. Sesam Öl
- • 1/8 TL. Salz

Anweisungen

a) Schneebesen zusammen Kokosnuss Öl Fisch Soße Knoblauch, Ingwer, rote Chiliflocken, Zitronensaft, Grün Zwiebeln, Sesam Öl Geist Salz Setzen Fisch In A Glas Gerichte Geist gießen Marinade vorbei.

b) Abdeckung Geist kalt stellen ging 4 Std.

c) Grill vorheizen. Lachs auf den Grill legen. Grillen bis Fisch wird zart. Dabei halb umdrehen Kochen.

ABSCHLUSS

Zum Abschluss unserer kulinarischen Reise „Geschmacksrichtungen der Gesundheit: Ein fettarmes Kochbuch", wir Hoffnung Du hast unbedeckt Die entzückend Schnittpunkt von gesunder Ernährung und köstlichem Essen Küche. Die Rezepte, die Sie hier erkundet haben, sind verwenden Nur A Testament Zu Die Kunst zu Niedriger Fettgehalt Kochen; Sie

May the flavors you've discovered within these pages inspire you to make healthier choices in your everyday cooking. Whether you're taking small steps toward a low-fat lifestyle or fully embracing it, know that each meal is an opportunity to nourish your body and delight your senses.

Thank you for allowing us to be a part of your culinary adventure. As you continue to explore the world of low-fat cooking, may each bite bring you closer to a life filled with health, vitality, and the joy of savoring delicious food that loves you back.

sind ein Fest der Harmonie zwischen Ernährung und Geschmack.